마을이
함께 만드는
모험 놀이터

마을이 함께 만드는 모험 놀이터

1판 1쇄 발행 2018년 8월 24일 | **1판 3쇄 발행** 2021년 11월 25일

지은이 김성원 | **펴낸이** 임중혁 | **펴낸곳** 빨간소금 | **등록** 2016년 11월 21일(제2016-000036호)

주소 (01021) 서울시 강북구 삼각산로 47, 나동 402호 | **전화** 02-916-4038

팩스 0505-320-4038 | **전자우편** redsaltbooks@gmail.com

ISBN 979-11-959638-9-8 03300

마을이 함께 만드는
모험 놀이터

빨간소금

김성원 지음

모든 것은
연결되어 있다

쉰 살이 넘어서야 놀이와 놀이터에 관심을 갖게 된 계기는 '세월호'였다. 텔레비전으로 침몰하는 세월호와 함께 죽어간 아이들을 무기력하게 지켜본 이후 오랫동안 우울증과 분노, 슬픔에 시달렸다. 아마 많은 이들이 그랬을 것이다. 비극의 책임이 있는 기성세대로서 아이들에 대한 죄책감으로 괴로웠다. 그리고 오십이 넘은 이로서 다음 세대를 위해 무엇인가 할 수 있는 일에 집중해야 한다는 막연한 의무감 같은 것도 일어났다. 그러한 의무감에 기대어 다시 분노와 우울증에서 벗어날 힘을 낼 수 있었다.

그때 내가 할 수 있는 일이란 그동안 연구하고 활동하며 익힌 적정기술, 생활 기술을 청소년들과 청년들에게 전하는 것이었다. 어른들에게는 기술의 가치와 효용, 이익을 제시하면서 접근할 수 있지만, 청소년들과 청년들에겐 달라야 했다. 그런 고민 속에 '기술을 놀이와 예술처럼' 아이들에게 가르치고 전달해보자는 생각이 떠올랐다. 그 이후로 놀이와 놀이터에 대한 자료를 수집하고 찾아보기 시작했다. 처음엔 단지 놀이 기구에 주목했다. 점차 놀이 기구가 놓인 놀이터로 관심이 넓어졌다. 놀이 기구와 놀이터의 유형과 디자인을 중심으로 살피다 이윽고 놀이터의 역사 전반을 훑기 시작했다.

개념은 분리하지만 현실의 모든 것은 연결되어 있다. 철학을 전공하던 대학 시절에 세상을 이해하는 눈을 갖게 해준 명제다. 기술, 놀이, 예술, 공동체. 서로 관련 없어 보이는 이 주제들도 현실에선 엮여 있다. 놀이를 신체 활동에 국한하는 관점에서 벗어난다면, 세상의 많은 것들이 놀이와 이어져 있다는 걸 알게 된다. 그 순간 놀이의 영역이 넓어진다.

놀이와 예술의 교차와 교접은 예나 지금이나 흔한 일이다. 놀이와 예술은 모두 상상력으로부터 출발한다. 예술가들은 놀이와 놀이터의 역사에서 늘 개척자들이었다. 또한 놀이는 강박과 목적 의식 없이 재미로 삶의 기술을 배우고 익히는 과정이다. 어린 동물들이 장난치며 사냥 기술을 익히는 것과 같다. 제작과 놀이 역시 창조적 자기 표현이라는 공통점을 갖고 있다. 아이들은 자신들이 조작할 수 있는 가변적인 재료들을 가지고 놀며 즐거움을 느낀다. 아이들은 제작 놀이를 통해 기술과 지식을 습득하고 정보를 얻으며 기량을 쌓는다. 유럽의 모험 놀이터들은 이 점에 주목했다. 오랫동안 기술에 관심을 두어온 나는 자연스레 놀이와 기술, 제작을 접목하는 모험 놀이터에 주목하게 되었다.

놀이터의 역사와 모험 놀이터에 착목하면서 놀이 활동 없이 놀이 기구나 놀이터만으로 즐거운 놀이 환경을 만들 수 없다는 걸 알았다. 또한 놀이터는 아이들만의 공간이 아니라, 놀이터의 역사 초기부터 지역 공동체의 교류와 소통, 화합을 위한 공간이라는 점을 발견했다. 무엇보다 놀이터는 시민운동의 결과이자 마을이 함께하는 지역 공동체의 프로젝트였다는 점을 이해하게 되었다. 지역 공동체의 협력과 참여 없이는 진정한 놀이 공간을 만들 수 없다.

이 책은 이러한 나의 뒤늦은 놀이터 공부의 기록이다. 어느새 나의 가슴속에 마을이 함께 만드는 모험 놀이터가 꿈으로 들어섰다. 꿈을 실현하기 위해서는 그 대상을 깊게 알아야만 한다. 알아야 촘촘하게 꿈을 꿀 수 있다. 보다 많은 사람들이 이 책을 통해 모험 놀이터에 대해 좀 더 자세히 알 수 있기를 바란다. 그리고 각자가 살고 있는 지역 공동체에서 모험 놀이터를 지역 운동이자 시민운동으로 전개하길 기대한다. 개념은 분리하지만 현실의 모든 것은 연결되어 있다. 기술, 놀이, 예술, 공동체, 그리고 우리 모두와 아이들의 삶은 이어져 있다.

2018년 8월
김성원

차례

1부

놀이터의
역사

1

놀이터는
시민운동의 산물이다

모든 현재는 과거의 결과다. 놀이터 역시 역사의 산물이다. 놀이터, 정확히 놀이터 운동의 역사는 도시에서 놀이터가 갖는 가치와 사회적 지향을 분명하게 드러낸다. 지역 사회의 놀이터를 혁신하고자 하는 사람이라면, 가장 먼저 놀이터 운동의 초기사를 살펴볼 필요가 있다. 초기 놀이터 운동으로부터 놀이터 혁신이 단지 디자인의 문제가 아니라, 사회적 과제를 해결하는 시민운동이라는 점을 발견할 수 있다.

보호와 치유의 공간

놀이터는 산업 자본주의가 도시를 야만적으로 지배하던 시기에 일어난 사회 개혁 운동의 결과였다. 1880년대 미국의 산업 도시들은 빠르게 성장하고 있었다. 당시 도시 노동자들은 비좁고 지저분한 막사 같은 곳에서 살았다. 여성에게는 참정권이 없었다. 그러자 19세기 말에 여성 참정권 운동을 비롯한 사회주의 운동, 노동 운동, 어린이 인권 운동 등 다양한 사회 개혁 운동이 일어났다. 놀이터 운동 역시 사회 개혁 운동의 하나였다.

미국에서 처음으로 시립 놀이터가 등장한 뉴욕을 보자. 19세기 말 뉴욕은 유럽과 아시아를 포함한 여러 나라에서 다양한 민족적, 인종적 배경을 가진 이민자들이 밀려들면서 빠르게 성장하고 있었다. 미국의 다른 항구 도시들도 마찬가지였다. 뉴욕의 인구는 1865년에 72만 명에서 1895년에 180만 명으로 두 배 이상 늘어났다. 맨해튼 동부 저지대와 중서부 서쪽의 "지옥의 주방"으로 악명 높은 빈민 거주 지역에는 가난한 이주민과 노동자의 아이들로 가득했다. 이곳의 아이들 상당수는 장시간 공장 노동에 시달리고 있었다. 1900년 미국에서 170만 명의 어린이들이 평균 12시간 동안 공장에서 노예처럼 일했다. 자본가들의 야만과 탐욕은 아이들에게서 유년기를 빼앗았다. 건강이 나빠졌고, 어른들과 공장에서 일하며 쉽게 범죄의 유혹에 빠졌다. 술을 마시고 담배를 피우며 폭력을 쓰는 어린이 노동자들이 많았다.

마차와 자동차가 달리는 뉴욕의 거리에서 놀고 있는 어린이들.

노동자들의 인간적 삶과 여성 참정권, 어린이 인권을 옹호하던 사회주의 활동가들과 급진적 노동 운동가, 자유주의적 사회 개혁가, 종교적 자선 운동가 들의 희생과 노력으로 20세기 초 어린이 노동이 법으로 금지되었다. 어린이들은 이제 더 이상 유년기를 강탈하던 공장에서 일하지 않아도 되었다. 하지만 가난한 부모들이 직장에 간 사이 아이들은 방치되었다. 도시에서 아이들이 놀 수 있는 곳은 위험한 거리와 골목길, 공터 뿐이었다. 아이들은 또 다른 위험과 범죄에 노출되었다. 아이들이 안전하게 놀 수 있는 놀이 공간이 필요했다. 거리에 방치된 아이들의 상처를 치유하고 폭력성을 교화할 수 있는 공간이 필요했다. 자본주의 초기, 산업 도시에서 놀이터는 단지 놀이의 공간만이 아니라 보호와 치유의 공간이었다.

여성과 놀이터

놀이터 운동은 여성들이 주도했다. 19세기 후반 사회 개혁 운동의 중요 과제는 여성의 참정권 보장이었다. 투표권이 없던 여성의 정치 참여와 사회적 권리 쟁취를 핵심으로 사회 전반의 문제를 개혁하는 국가 개조 운동이 일어났다. 이 운동은 자연스럽게 어머니와 어린이의 권리를 개선하기 위한 사회 운동으로 발전했다. 사회 개혁주의자들은 거리에 방치된 아이들을 보호하기 위해 어린이 구조 운동을 벌였다. 어린이 구조 운동은 1920년대 말까지 계속되었다. 주로 어린이 노동 금지와 학교, 놀이터, 유치원을 지원하기 위한 정책을 추진했다. 여성 참정권 운동으로 각성한 여성들은 놀이터 운동을 주도하고 후원했다. 기혼 여성들이 주로 후원하고 참여하는 사회단체와 자원봉사 단체들이 어린이 구조 운동을 이끌었다. 이들은 국가와 지역 차원에서 어린이와 가족을 위한 도덕적 과제와 공의를 만드는 사회 운동을 펼쳤다.

뉴욕 시에 어린이 구조 활동과 관련한 다양한 조직과 단체가 생겨났다. 1884년 결성한 주거위원회(Tenement House Committee)는 뉴욕 시에서 주거 밀집과 어린이 놀이 환경 문제를 연구했다. 브루클린협회(Brooklyn Society for Parks and Playgrounds)는 뉴욕주에서 1889년 최초로 '공원과 놀이터'에 초점을 맞춘 조직이었다. 1891년에는 "자선이 아닌 도덕 운동"을 표방한 뉴욕협회(New York Society)가 나타났다. 노동자 계급 출신 사회 활동가이자 놀이터의 영웅인 찰스 번스타인 스토버(Charles B. Stover)와 아브람 휴잇(Abram S. Hewitt) 뉴욕 전 시장, 세스 로(Seth Low) 콜롬비아 대학 총장이 함께 만들었다. 뉴욕협회는 뉴욕 시를 상대로 놀이터 조성을 위해 강력한 로비 활동을 벌였다. 이들은 빈민촌의 어머니들과 아이들에게 놀이 기구 사용법을 시연하고, 1891~1894년에 실험적인 임시 놀이터를 곳곳에 만들었다.

모래상자, 놀이터의 기원이 되다

초기 놀이터의 원형이라 할 수 있는 '모래상자(Sandbox)'가 19세기 중반 독일에서 등장했다. 독일계 미국인 마리 자크제브스카(Marie Elizabeth Zakrzewska)는 독일 여행 뒤 모래상자를 미국에 소개했다. 그녀는 독일에서 다양한 경제적 배경을 지닌 어린이들이 모래 더미에서 노는 모습을 목격했다. 이민자들의 나라인 미국에서 사회 통합은 시급한 과제였다. 그녀는 복잡한 민족적 배경을 가진 이민자들의 아이들이 함께 놀 수 있기를 바랐다. 이를 매개로 서로 말도 잘 통하지 않았던 다양한 이주민 부모들이 소통하고, 이해하고, 교류하기를 바랐다.

자선 단체와 학교가 정부보다 앞서서 놀이터를 만들었다. 1880년대 뉴욕의 사회 개혁가들은 이주민 출신의 노동자를 위한 주택 단지의 사회 봉사 센터에 모래상자를 만들었다. 보스턴 북동부 교회 마당에도 모래상자가 등장했다. 1885년 매사추세츠긴급위생협회(Massachusetts Emergency and Hygiene Association)도 교회 마당에 대형 나무 상자를 만들고 모래를 쏟아 부었다. 모래상자 안에서 이주민 아이들은 모래를 만지작거리며 놀았다. 엄청나게 많은 아이들이 좁은 모래상자 안에서 바글거리고 꼬물거렸다. 모래상자 안에서 노는 아이들의 모습이 비극적으로 보일 정도다. 하지만 이는 아이들의 놀이를 선언하는 구원의 장면이기도 했다. 모래상자는 항상 비좁고 만원이었지만 보스턴에서만 11곳에 만들어졌다. 당시 사람들은 모래상자를 그럴듯하게 "모래정원"이라고 불렀다. 다시 사람들은 모래정원을 '놀이'의 뜻을 지닌 플레이(Play)와 '마당, 터'의 뜻을 지닌 그라운드(ground)를

1885년 보스턴의 교회 마당에 만든 모래정원.

합성해서 플레이그라운드(Playground)로 바꾸어 불렀다. 모래상자는 놀이터였고, 놀이터의 역사는 보잘것없던 모래상자로부터 시작되었다.

모래는 지금까지도 놀이터의 필수 요소다. 모래가 갖는 조작성과 가변성 때문이다. 미국의 심리학자 스탠리 홀(G. Stanley Hall)은 모래 더미에서 놀고 있는 두 명의 소년 해리와 잭의 이야기를 담은 책을 썼다. 홀은 아이들에게서 "다른 모든 관심이 점차 없어졌다"라며 모래밭의 몰입 현상에 주목한다. 아이들은 모래를 가지고 언덕, 도로, 연못, 만, 교량, 우물, 터널과 섬 등 풍성한 표현 놀이를 즐겼다. 1907년 모험 놀이터를 주도한 칼 테오도어 쇠렌센(C. Th. Sørensen)의 동료이자 모험 놀이터의 숨은 아버지로 불리는 한스 드라게옐름(Hans Dragehjelm)은 덴마크 놀이터에 최초로 모래밭을 만들었다. 한스 드라게옐름은 "모래는 위대한 스승이다"라고 말했다. 아쉽게도 현대 놀이터에서는 관리와 오염을 이유로 점점 모래밭이 사라지고 있다.

미국 최초의 상설 놀이터

1887년 샌프란시스코 골든게이트 공원은 부속 시설로 미국 최초의 상설 놀이터를 만들었다. 그동안의 놀이터들은 비상설이었다. 이 놀이터는 네바다주 상원의원이었던 윌리엄 샤론(William P. Sharon)이 기부한 유산을 재원으로 만들어졌다. 윌리엄 샤론이 골든게이트 공원에 남긴 유산의 사용을 두고 많은 논의를 한 결과 어린이 놀이터를 만들기로 한 것이다. 당시 어린이와 청소년을 위한 전용 놀이 공간을 만든다는 생각은 매우 혁신적이었다. 1888년 놀이터를 개장하면서 '어린이를 위한 샤론 쿼터(Sharon Quarters for

Children)'라는 이름을 붙였다.

개장 당시 놀이터에는 그네, 나선식 미끄럼틀, 모래밭, 염소가 끄는 마차, 인도 코끼리, 회색곰 사육장이 있었다. 아이들은 염소 마차를 타고 코끼리 등에 올라탈 수 있었다. 가장 인기 있는 놀이 기구는 1900년대 초에 만든 도리아식 기둥으로 받친 로마 사원을 닮은 회전목마였다. 이후 회전목마는 놀이터를 상징하는 시설이 되었다. 이처럼 최초의 놀이터는 식민지 시대의 이국적 판타지로 가득 차 있었다. 제국주의 시대에 아시아와 아프리카 식민지를 가보지 못한 서민들이 대리 체험을 하며 판타지를 충족하는 공간이었다. 놀이터는 현실과 일상에서 이룰 수 없는 판타지를 허락하는 공간이었다. 또한 놀이터 가까이에 있던 샤론 의원의 건물은 실내 놀이터로 사용되었다. 그러다 코렛 재단이 후원하면서 코렛 칠드런 쿼터(Koret Children's Quarter)로 이름이 바뀌었다.

시민을 기르는 야외 학습 공간

1897년 뉴욕시장 윌리엄 스트롱(William L. Strong)은 개혁 성향의 언론인 제이콥 리스(Jacob A. Riis)를 소공원자문위원회(Small Parks Advisory Comittee)의 비서로 임명하면서 놀이터에 본격적인 관심을 기울였다. 소공원자문위원회는 도덕 교육적 태도를 분명히 했다. 자문위원회는 쉽게 폭력과 악행에 빠질 수 있는 혈기 넘치는 어린이와 청소년의 행동과 심성에 도덕적 영향을 끼치기 위해서는 놀이터에 놀이 활동가를 배치해야 한다고 주장했다.

초기 사회 개혁 운동가들에게 놀이터는 단지 놀이 공간이 아니었다. 사회적 도덕성 회복과 바로 연결되는 주제였다. 미국놀이터협회장이자 개혁주의자였고 이후 미국의 대통령이 된 시어도어 루스벨트는 놀이를 "근본적 필요"라고 주장했다. 또한 진보적 교육학자이자 실용주의 철학자였던 존 듀이는 노작(勞作) 교육과 야외 활동을 중시했다. 그는 "야외 활동은 살아 있는 학교"라고 극찬했다. 조지프 리(Joseph Lee) 미국놀이터협회장은 "놀이터는 아이들에게 좋은 것이 아니라 성장에 필수다. 유년기가 있는 것은 놀기 위해서다"라고 주장했다. 그들은 만약 아이들의 놀이 욕구가 좌절된다면 발달 장애를 겪게 되고, 심지어 범죄자가 될 수 있다고 믿었다.

초기 놀이터 운동가들은 놀이가 자연적이고 본능적이라고 생각했지만, 어른들이 지도하거나 감독해야 한다고 여겼다. 이들이 권장하는 놀이터 활동에는 다소 집단적인 요소가 깃들어 있었다. 무엇보다 민주 사회의 시민이자 건강한 산업 역군으로 훈련시키고자 하는 의도가 있었다. 깃발에 대한 경례, 훈시, 체력 단련, 농구, 기술 작업, 예술, 공예, 민속춤, 진흙 놀이, 민주적 시민 교육, 준법 교육 등을 포함시켜야 한다고 생각했다. 사회 개혁 운동의 압력으로 지방정부가 도시 경관에 신경을 쓰기 시작하면서 빈민가에 감독이 있는 놀이터가 만들어졌다. 심지어 빈민촌의 놀이터에는 경찰을 감독관으로 파견했다. 이처럼 초기의 놀이터는 신체적 활동 그 이상의 교육적 활동이 일어나는 야외 학습 공간이자 지역의 사회 학교였다.

뉴욕 놀이터의 영웅

1898년 놀이터 운동의 전환기가 시작되었다. 찰스 번스타인 스토버와 릴리안 왈드(Lillian D. Wald)가 야외레크리에이션연맹(Outdoor Recreation League)을 결성했다. 그 뒤 4년 동안 연맹은 뉴욕 시가 제공한 공원 부지 9곳에 놀이터를 개장했다. 1902년 뉴욕시장이 된 세스 로는 시가 소유한 공원들에 연맹이 놀이터를 만들고 운영할 수 있도록 위탁했다. 초기의 놀이터들은 대부분 시민단체가 만들고 운영했다.

1903년 10월 1일에는 미국에서 최초로 지방정부가 상설 놀이터를 만들었다. 수어드 공원(Seward Park)이었다. 수어드 공원의 놀이터는 1903년 10월 17일 문을 연 이래 도시 놀이터의 새로운 지평을 열었다. 울타리, 시소, 미끄럼틀, 그네 등의 놀이 기구와 실내 놀이 공간, 담장, 놀이 바닥을 설치했다. 수어드 공원은 놀이터 외에도 공원 중앙에 열린 광장, 남동쪽 구석에 어린이 농장과 대형 달리기 트랙을 만들었다. 레크리에이션 구역이 따로 있었고, 공원 가건물엔 대리석 욕조, 체육실, 회의실을 마련했다. 이밖에도 아이들을 지켜보며 어머니들이 쉴 수 있는 흔들의자를 놓은 테라스도 있었다. 이처럼 초기의 놀이터는 운동장과 공원, 어린이 놀이터를 완전히 분리하지 않았다. 이후 수어드 공원 놀이터는 놀이 프로그램과 놀이터 디자인에서 주목받는 모델로 떠올랐다.

수어드 공원 이후 1903~1905년 뉴욕 맨해튼에만 9개의 놀이터가 만들어졌다. 몇몇 대도시 지방정부는 놀이터의 유지 보수를 위한 예산을 세우기 시작했다. 박애주의자들도 놀이터에 눈을 돌렸다. 1906년 놀이터 운동을 주 임무로 삼는 국립놀이터협회(National Playground Association)가 활동을 시작했다. 미국놀이터협회로 이름을 바꾼 뒤 1908년 맨해튼과 브루클린에 각각 11개의 놀이터를 개장했다.

야외레크리에이션연맹의 주축이었던 찰스 번스타인 스토버는 1910년 맨해튼의 공원위원이 되었다. 그는 공원 사용에 대해 급진적 태도를 취했다. 스토버는 공원을 단지 산책과 풍경을 즐기는 곳으로 제한하는 것을 비판하며 시민들과 아이들의 다양한 활동이 가능한 공간으로 바꾸고자 했다. 놀이와 체육 활동, 레크리에이션을 위해 공원은 청소년들에게 열려 있어야 한다는 입장을 취했다. 이러한 입장은 많은 반대에 부딪혔다. 이러한 급진적 태도 때문에 그는 1911년 자리에서 물러나라는 압력을 받았다. 결국 1913년 사임한 뒤 스토버는 죽을 때까지 뉴욕 비컨(Beacon)에 여름 캠프를 개발하는 데 주력했다. 놀이터 만들기에 헌신한 스토버를 기념하는 조각상이 1936년 뉴욕 센트럴 파크 셰익스피어 정원이 내려다보이는 곳에 설치되었다.

스토버를 비롯한 사회 개혁가들이 벌인 놀이터 운동의 열기는 1차 세계대전 뒤 가라앉았다. 하지만 그들은 미국에서 놀이터와 공원에 대한 인식을 영원히 바꿔놓았다. 1920년대에 놀이터와 레크리에이션은 전국 공원 부서

1912년 새로 개장한 놀이터에서 기념 사진을 찍고 있는 찰스 번스타인 스토버(오른쪽).
뉴욕 시 놀이터의 잊힌 영웅이다.

의 정책이 되었다. 그 이전까지 놀이터와 레크리에이션은 정부가 관여할 일이 아니라는 생각이 지배적이었다.

모든 것은 연결되어 있다. 놀이터 역시 마찬가지다. 놀이터의 역사가 보여주듯 놀이터는 사회주의 운동, 노동 운동, 아동 보호 운동, 여성 참정권 운동을 포함하는 사회 개혁 운동의 결과였다. 초기의 놀이터는 어린이를 보호하고, 상처를 치유하며, 폭력성을 교화하는 공간이었다. 놀이터는 사회적 통합과 교류를 위한 공간이었다. 또 민주 시민과 산업 역군을 육성하는 야외 학교이자 학습장이었다. 서민들과 아이들에게 판타지의 공간이었다. 놀이터는 공원을 단지 산책과 풍경만을 즐기는 곳이 아니라 시민과 청소년의 활동이 가능한 곳으로 만들기 위한 노력의 결과였다. 놀이터는 이처럼 사회의 여러 가지 문제를 해결하고자 한 다양한 시민운동의 결절이었다. 단지 내 아이가 즐겁고 재미나게 놀 수 있는 놀이터를 만들기 위한 노력만으로는 놀이터의 역사에서 추구했던 놀이터를 만들 수 없다. 어느 시대의 놀이터이든지 그 시대의 요구, 그 사회의 다양한 운동, 문화적 흐름과 결합하면서 변모했다.

한국 사회, 우리 시대도 마찬가지다. 한국 사회에서 앞으로 펼쳐질 놀이터 혁신 운동은 어떠한 사회 운동과 결합해야 하는지 질문해야 한다. 무엇보다 세월호 이후 우리 사회에서 경쟁적 모성애를 극복하고 사회적으로 확장하는 어머니들의 운동, 인간 친화적 정주 환경과 자율적이고 민주적인 지역 공동체를 도시 속에 구현하고자 하는 마을 공동체 운동과 공유지 운동, 도시 속에 생태적인 환경을 넓히고자 하는 도시 농업 운동, 주변에서 쉽게 구할 수 있는 재료로 생활에 필요한 기물과 구조물을 만드는 적정기술 운동, 자신의 손으로 기물을 만드는 제작자 운동을 놀이터 혁신 운동과 연결해야 하지 않을까?

2
위험하지만
스릴 있는 놀이 기구들

시어도어 루스벨트는 미국의 대통령 이전에 미국놀이터협회장이었다. 또한 박물학자, 군인, 사회 개혁가였다. 대통령이 된 1907년 연설에서 놀이터의 중요성을 강조하면서 사회적 변화가 일어났다. 그는 "도시 거리는 아이들을 위한 놀이 공간으로 적절치 않습니다. 거리는 위험하고, 거리에서 놀이는 불법이고, 여름에는 너무 덥고, 범죄자가 되기 쉽기 때문입니다. 작은 뒷마당의 조그만 화초는 아주 어린아이들이 아니라면 아이들에게 충분하지 않습니다"라고 말했다. 미국 정부의 적극적 지원에 힘입어 미국 전역에서 놀이터가 빠르게 늘어났다. 초기 놀이터는 어린이를 보호하기 위해서였다. 하지만 되려 너무 높고 너무 빠르고 너무 위험한 놀이 기구들이 놀이터에 설치되었다.

1889년 찰스뱅크 체육관(Charlesbank gymnasium)은 전국의 놀이터에 보급할 목적으로 새로운 놀이 기구를 디자인했다. 두 개의 기둥을 세운 구조물에 부착한 철제 사다리들, 체조 선수나 사용할 법한 긴 밧줄과 링(flying ring)으로 만든 그네, 바닥이나 손잡이 없이 단지 2개의 강관을 사선으로 붙여 만든 미끄럼틀을 조합한 놀이 기구였다. 모든 연령대 아이들이 놀 수 있는 기구라고 했지만, 높이가 4~5미터 이상이었고 위험천만했다. 도대체 무슨 생각으로 그렇게 높게 만들었을까?

뉴욕 시는 1890년 동부 저지대 대학 정착촌 놀이터에 이렇게 위험한 놀이 기구를 설치했다. 1894년에는 헐 하우스(Hull House)에도 설치했다. 최초의 상설 시립 놀이터인 수어드 공원 안의 놀이터에도 마찬가지였다. 놀이터 개장식 날만 2만여 명의 어린이들이 모였다. 어린이들은 감옥에서 풀려난 폭도처럼 놀이터로 밀려들었다. 1904년 로스앤젤레스 바이올렛 거리와 아파트 단지에도 놀이터를 만들었다. 1905년까지 35개 도시에 이런 놀이 기구들을 설치한 놀이터가 만들어졌다.

원숭이 본능을 위한 정글짐

정글짐(Jungle Gym)은 시카고 북쪽 위네트카에 사는 서베스천 힌턴(Sebastian Hinton)이 발명했다. 그는 아이들이 갖고 있는 원숭이 본능에 주목했다. 그는 원숭이 본능을 충족시킬 놀이 시설이 필요하다고 주장했다. 마치 원숭이들이 타고 오르던 정글과 같은 환경을 모사한 정글짐은 1920년대에 특허를 받았다. 사실 대다수 놀이 기구는 오랫동안 인류가 생활하던

찰스뱅크 체육관이 디자인한 놀이 기구(위).
1900년대 초기의 정글짐(아래).

숲속 환경을 모사하고 있다. 정글짐은 정글(Jungle)과 '체육 시설'의 뜻을 지닌 김나지움(Gymnasium)의 합성어이다. 정글을 모사한 체육 시설이란 점이 이름에서 분명하게 드러난다.

이 새로운 놀이 기구는 작은 면적을 차지하는 수직 구조물에 여러 아이들이 올라갈 수 있고 거의 모든 신체 근육을 발달시킬 수 있는 장점이 있었다. 이러한 장점 때문에 미국 전역으로 번져나갔다. 1920년대 뉴욕에만 800개 이상의 정글짐이 세워졌다. 하지만 초기 정글짐의 표면은 거칠었고 때때로 아이들이 밑으로 떨어졌다. 지금은 많은 공공 놀이터에서 낙하의 위험성을 이유로 사라졌다.

영국 최초의 미끄럼틀

1922년 영국 노샘프턴셔주 케터링 지역의 윅스테드 공원(Wicksteed park)에 영국 최초로 미끄럼틀이 들어섰다. 높이는 거의 4미터에 달했다. 낙하 사고를 방지하기 위해 미끄럼판을 따라 경사진 구덩이를 팠다. 미끄럼틀은 나

1922년 영국 최초로 놀이터에 설치한 미끄럼틀.
노샘프턴셔주 케터링의 윅스테드 공원.

무로 만들었고 곧 무너질 듯했다. 미끄럼틀로 올라가는 계단은 가파랐고, 미끄럼판은 손잡이 없는 긴 널빤지였다. 요즘처럼 안전에 민감한 부모들이라면 경악할 만하다. 하지만 사진 속 아이들은 위험에 아랑곳하지 않고 행복한 모습이다. 아이들은 오로지 균형 감각에 의존해서 손잡이도 없는 나무판 미끄럼틀을 내려왔다. 게다가 떨어질 경우 충격을 완화시켜줄 어떤 바닥재도 깔려 있지 않았다. 1935년에 나무 미끄럼틀은 철제로, 미끄럼판은 착지점 가까이에서 곡면을 이루며 낙하 속도를 자연스럽게 줄일 수 있도록 다시 만들었다. 그럼에도 여전히 높고 위험한 놀이 기구는 20세기 초까지 당연시되었다.

공중을 도는 자이언트 스트라이드

자이언트 스트라이드(Giant Stride)도 1900년대 초반부터 나타났다가 위험하다는 이유로 사라진 놀이 기구다. 기둥 위에 여러 개의 밧줄을 매달고, 아래쪽 밧줄 반대 끝에 작은 사다리처럼 생긴 손잡이를 부착했다. 아이들은

시각장애인을 위한 로열 노멀 칼리지(Royal Normal Colledge)의 자이언트 스트라이드(왼쪽).
킬다 공원(Kilda Park)의 마녀 모자 회전 기구(오른쪽).

밧줄 손잡이를 잡고 땅을 박차고 돌면서 서서히 원심력에 의해 공중에 뜬 채 빠르게 회전할 수 있었다. 공중에 뜬 채 회전하며 발을 움직이는 모습이 거인의 큰 걸음을 닮았다고 해서 자이언트 스트라이드라는 이름이 붙었다. 안타깝게도 손아귀 힘이 약한 아이들은 빠르게 회전하다 떨어지는 경우가 있었다. 위험과 부상에 따른 소송 문제로 대부분 1960년대부터 놀이터에서 사라졌다. 하지만 당시 아이들에게 자이언트 스트라이드는 꽤 인기 있고 재미난 놀이 기구였다. 만약 아이들이 손을 놓치더라도 안전하게 떨어질 안전 그물을 주변에 설치한다면, 자이언트 스트라이드는 여전히 스릴 넘치고 인기 있는 놀이 기구가 될 것이다.

1900년대 초반 자이언트 스트라이드를 변형한 마녀 모자(Witch's Hat)라는 고깔모자 형태의 회전 놀이 기구도 역시 인기가 있었지만, 놀이터에서 서서히 사라졌다. 내가 어린 시절을 보냈던 한국의 1970~1980년대 놀이터에는 일명 뺑뺑이라 부르던 원반형이나 구형의 회전 놀이 기구가 있었다. 요즘 놀이터에서 그러한 회전 놀이 기구는 모두 사라졌다.

타는 방법이 달랐던 그네들

1900년대 초중반의 그네 디자인은 획일적이지 않았다. 놀이공원에서나 볼 수 있는 바이킹을 축소한 모양의 그네에서부터, 여러 명이 함께 탈 수 있고 옆으로 흔들리는 그네, 요람 같은 그네, 높은 그네, 마주볼 수 있는 좌석이 있는 그네 등 다른 어떤 놀이 기구에 비해 다양했다. 이처럼 같은 종류의 놀이 기구도 타는 방법이나 작동 방식을 조금만 바꾸면 재미가 커진다. 반면 우리 주변에서 익히 볼 수 있는 그네는 혼자 앉아 정면을 바라보며 타는 것

1900년대 초중반의 다양한 그네 디자인.

들뿐이다. 현대에 와서 그네가 단순해진 까닭은 안전 문제보다, 놀이 산업이 비용 절감과 양산을 위해 획일화했기 때문이다. 아쉽게도 그네 디자인은 재미 요소를 살리면서도 사고에 대비한 안전 장치를 보강하는 방향으로 나아가지 못했다.

위험한 놀이터가 필요한 까닭

도대체 1900년대 초 놀이 기구들이 스릴 넘쳤지만, 아찔할 정도로 높고 빠르고 위험했던 까닭은 무엇이었을까? 1917년 미국이 1차 세계대전에 참전하면서 처음으로 전국의 젊은이들을 대상으로 징집 신체검사를 실시했다. 징집자들의 25퍼센트 정도가 부적합 판정을 받았다. 곳곳에서 징집 대상 청년은 물론 청소년의 체력을 강화해야 한다는 요구가 거세졌다. 국력은 체력이었다. 이러한 구호가 놀이터에 반영되었다.

또 다른 이유가 있었다. 놀이터에서 낙하는 사고의 주된 원인이었다. 심리학자들은 아이들이 낙하 사고로 고소공포증을 앓게 될 것이라고 생각했다. 하지만 최근 노르웨이 과학기술대학의 엘렌 한센 선세터(Ellen Hansen Sandseter) 박사와 동료 리에프 케나일(Lief Kennair) 교수는 반대로 9세 이전에 낙하 사고를 경험한 아이는 오히려 고소공포증을 덜 느낀다는 연구 결과를 발표했다. 놀이터에서 더 많은 위험을 경험하면서 아이들은 공포를 극복하고 위험을 인지하고 대처한다. 이런 이유 때문이었을까. 1900년대 초의 놀이 기구들은 무척 높고 위험했다. 부모들은 아무렇지도 않게 아이들이 스릴을 느끼며 놀이 기구를 즐기도록 허락했다. 그럼에도 때때로 일어났던 안전 사고의 영향으로 위험하지만 스릴 있는 놀이 기구들을 더 이상 찾아

볼 수 없게 되었다.

대공황으로 미국 경제가 추락하자 경기 부양을 위한 대규모 공공 사업들이 추진되었다. 공공 놀이터 조성 사업도 그 가운데 하나였다. 이때 13,000개의 놀이터를 미국 전역에 만들었다. 놀이터가 수적으로 늘자 관료들은 놀이 기구를 표준화하고 단순화했다. 놀이터에서 위험하다고 여겨지는 놀이 기구를 치우고 그네, 미끄럼틀, 시소 등만 설치했다. 아이들은 더 이상 즐겁지 않았다. 지루해졌다. 아이들은 그 이상의 재미를 원했지만 갈 곳이 없었다.

재미와 스릴은 아찔한 위험을 필요로 한다. 놀이터를 혁신하고자 할 때 가장 논란이 되는 지점은 위험에 대한 태도이다. 놀이터의 위험에 대한 단순한 인식이 변화를 가로막는다. 숨겨진 위험은 사고로 이어지지만, 표면으로 드러나 있고 적절히 조치가 이루어진 위험은 재미와 스릴을 더할 수 있다. 표면으로 드러난 위험은 아이들의 위험 인식과 대처 능력을 키운다. 미미한 상처는 오히려 치명적인 부상이 일어날 확률을 줄여준다. 최근 서구에서는 놀이터의 위험에 대해 다양한 연구 결과들이 나오고 있다. 반면, 우리 주변의 연구는 미흡할 뿐더러 위험과 안전에 대한 막연하고 나태한 두려움이 지배한다. 위험의 뒤편에 무엇도 책임지고 싶지 않은 어른들의 무책임이 도사리고 있는 것은 아닐까. 100퍼센트 안전한 놀이 기구는 환상일 뿐이다. 안전을 위해서는 놀이 기구의 물리적 안전 그 이상이 필요하다.

3

놀이터에서 위험을 치워라

아이러니 없는 역사는 없다. 미국에서 처음으로 놀이터를 만든 뉴욕 시는 1912년 가장 먼저 놀이터를 규제했다. 물론 초기의 놀이터는 위험한 요소들이 많았지만, 대다수 사람들은 놀이터에서 부상을 입었을 경우 일부 책임은 어린이에게 있다고 생각했다. 어린이가 도전할 수 있는 위험과 불가능한 도전의 한계를 알지 못했기 때문이라고 여겼다. 당시 교육자들은 어릴 때부터 놀이터에서 연습을 통해 합리적으로 위험을 감수하며 과제를 완수하거나 육체를 단련할 필요가 있다고 생각했다. 이러한 생각은 작은 위험을 감수하는 놀이가 심각한 부상을 피하기 위해 필요한 인지 능력과 육체적 능력을 키우는 데 도움이 된다는 최근 학자들의 연구와 일치한다.

놀이터에서 부상율과 주요 원인

2001년 〈틴스워스&맥도날드 보고서(Tinworth and Macdonald Report)〉의 '1999년 놀이터에서 연령별 부상 발생 분포 조사 결과'를 보면 부상은 저연령층에서 많이 발생하고 연령대가 높아질수록 부상율은 급격히 떨어진다. 5세 이하 부상율은 30퍼센트, 5~9세는 56퍼센트, 10~14세는 14퍼센트이다. 15세 이상 청소년의 부상율은 매우 낮다. 연간 1만 명 당 7.5건이었다. 대다수를 차지하는 경미한 사고를 포함한 수치이다.

1912년 뉴욕 시의 규제는 놀이에 대한 충분한 이해와 어긋나 있었다. 너무 위험하다는 이유로 당시 유행하던 높은 사다리나 링이 달린 밧줄같이 높은 곳으로 올라가는 등반 놀이 기구를 금지했다. 물론 〈틴스워스&맥도날드 보고서〉를 보면 높이 올라가는 등반 놀이 기구는 옛날이나 지금이나 가장 많은 사고를 일으킨다. 하지만 오르기는 암벽과 나무에서 살던 원숭이의 후예인 아이들에게 거부할 수 없는 본능이고 가장 거센 유혹이다. 등반 놀이 기구의 사고율은 53퍼센트, 그네가 19퍼센트, 미끄럼틀이 17퍼센트를 차지했다. 등반 놀이 기구 중 하늘사다리와 같은 머리 위 놀이 구조물에서 사고율이 가장 높았다. 당연히 등반 놀이 기구에서 가장 많이 발생하는 사고는 낙상이었다. 즉 놀이 기구에서 바닥으로 떨어지면서 다치는 사고였다. 이 때문에 낙하 높이에 따라 모래, 우드칩, 우레탄 등 완충 바닥의 깊이와 중요성을 강조하기 시작했다.

장소별로는 의외로 안전 규정을 준수해서 만든 것으로 추정되는 학교 운동장 놀이터에서 부상율이 가장 높았고, 그 다음이 공공 놀이터였다. 특히 단순한 놀이 기구보다는 다목적 구조물에서 사고율이 높았다. 그다지 안전 규정을 염두에 두지 않고 만들어졌을 집 마당 놀이터나 자가 제작한 놀이 시설에서 사고율이 상대적으로 낮았다. 이처럼 놀이 기구를 안전하게 만든다고 사고가 줄어들지는 않는다. 아이들은 안전한 놀이 시설에서도 창조적으로 위험하게 놀기 때문이다. 하드웨어의 안전성이 사고를 줄일 것이라는 생각은 막연한 기대나 환상일 뿐이다. 집 마당의 놀이터나 자가 제작 놀이 시설에서 사고가 적은 것은 부모들이 아이들의 놀이를 관찰하며 안전에 신경썼기 때문이다.

놀이터 표준화를 주도한 뉴욕의 악당

1888년 12월 18일은 격자형의 도로망과 바둑판 블록이 특징인 뉴욕 시를 구상하고 교통, 주택, 놀이터 역사에서 가장 영향력 있었던 논란의 인물이 태어난 날이다. 바로 로버트 모시스(Robert Moses)다. 그는 1909년 예일대를 졸업하고 1911년 옥스퍼드대에서 법학 박사 학위를 받았다. 1914년엔 컬럼비아대에서 정치학을 전공했다. 그는 도시 개발 프로젝트와 관련한 공무원이자 도시 계획가였다. 20세기 중반에 그는 뉴욕, 롱아일랜드, 록랜드, 웨스트체스터의 도시 개발에 관여한 건축 청부업자로도 알려져 있다. 모시스는 도시를 개발하면서 고속도로를 선호했다. 416마일의 고속도로와 13개의 다리를 건설했고, 뉴욕 시를 자동차의 시대로 이끌었다. 그 결과 도시 외곽 지역의 교외 지역을 만드는 데 결정적인 영향을 끼쳤다. 그는 기존 마을을 아랑곳하지 않고 파괴했다. 그는 철거와 건설, 돈에 관심이 많았다.

이에 대항한 이는 최근 공공장소, 도시 재생이 주목되면서 재조명받고 있는 뉴욕의 공동체 활동가 제인 제이컵스(Jane Jcobs)다. 제이컵스는 모시스에 대항해서 마을과 공동체, 문화적 자원을 지키고자 했다. 모시스와 제이컵스의 대결은 일종의 전쟁이었다. 제이컵스는 모시스를 "악당"이라 불렀고 모시스는 자신을 "조정자(coordinator)" 또는 "건축가"라고 불렀다.

모시스가 공원과 놀이터에 끼친 영향은 대단했다. 그는 알프레드 스미스(Alfred E. Smith) 뉴욕주 지사와 관계를 맺으며 전설을 만들어갔다. 1924년 그는 롱아일랜드주립공원조정위원회와 뉴욕주공원자문위원회 위원장으로 임명되었다. 모시스는 이후 1934년부터 26년 동안 최초로 통합 도시공원국장을 맡아 공원의 제왕으로 군림했다. 불황기에도 불구하고 모시스는 연방 공공 사업과 연계해서 공원과 놀이터의 수를 늘려나갔다. 그가 도시공원국장으로 재임한 1934~1960년에 뉴욕주의 공원 면적은 34,673에이커로 두 배 이상 증가했고, 658개의 놀이터가 새로 생겼다. 모시스는 개발과 산업 성장의 시대, 건축 기업과 개발 자본, 놀이터 기업의 영웅이었다.

그는 놀이터의 표준을 정립하기 시작했다. 그가 정력적으로 활동하던 때에 표준 놀이터가 늘어났다. 주로 4S(Swing, Slide, Seesaw, Sandbox), 즉 그네, 미끄럼틀, 시소, 모래상자를 한 묶음으로 놀이터를 표준화했다. 놀이터의 수는 늘었지만 질은 떨어졌다. 물량주의와 표준화는 산업의 잣대였다. 미국

로버트 모시스가 주도한 도시 개발에 대항한 제인 제이컵스(왼쪽).
로버트 모시스. 1930~1960년에 그는 뉴욕주 공원의 제왕이었다(오른쪽).

에서 시작된 표준 놀이터는 전후 미군정의 영향이 컸던 일본으로 전달되었다. 폐전 뒤 재건 과정에서 만든 놀이터는 미국놀이터협회의 로비 결과였다. 그리고 한국은 일본의 놀이터를 그대로 이식했다. 이때 만든 놀이 기구들은 놀이터 관련 사업가들의 이익을 뜻했다.

놀이터 산업화의 영향

1960년대에 장난감 회사 크리에이티브 플레이싱스(Creative Playthings)는 자본을 투여해 대량 생산 판매할 수 있는 놀이터 모델을 개발하기 시작했다. 크리에이티브 플레이싱스는 예술가들과 함께 놀이 기구를 혁신했지만, 양산을 위한 모듈화와 조립 설치의 편의성을 거부하지는 않았다. 이처럼 놀이터를 획일적으로 만든 또 다른 주범은 놀이터 산업이었다. 놀이터는 정부의 대대적인 놀이터 조성 사업에 힘입어 큰 사업 분야가 되었다. 놀이 기구 업자들은 양산을 위해 놀이 기구를 단순화했다. 심지어 통신 판매가 가능한 비슷비슷한 놀이 기구들을 생산했다.

그들은 1970년대부터 플라스틱을 놀이터의 주재료로 본격적으로 사용하기 시작했다. 패스트푸드로 유명한 맥도날드는 가족 고객을 유치하기 위해 아이들을 위한 놀이터를 매장 안팎에 만들었다. 거의 8천여 개 매장에 놀이터를 만들었는데, 플라스틱으로 만든 표준 놀이 기구와 조합 놀이 구조들이었다. 맥도날드는 놀이 기구 업자들의 최대 수요처였다. 한국에 진출한 맥도날드는 놀이터를 매장에 만드는 대신 작은 완구를 나눠주었다. 《놀이의 과학》을 쓴 수잔 솔로몬(Susan G. Solomon)은 맥도날드 매장의 놀이터에 대해 "맥도날드화는 놀이터의 획일화"라며 강력하게 비판했다. 사회적으로

도 부정적인 인식이 많았는지 맥도날드 놀이터는 〈로날드 맥도날드 놀이터의 도살자(Ronald McDonald Playground Slaughter)〉란 영화의 배경으로 쓰일 정도였다. 도대체 이런 영화를 왜 만들었는지 이해가 되지 않을 뿐더러, 너무 끔찍해서 계속 볼 수 없을 정도다. 절대 이 영화를 찾아 보지 않길 바란다. 강력한 비판에 시달린 맥도날드는 매장이 있는 지역의 특성과 매장 안팎의 조건을 반영한 놀이터를 예술가들과 함께 디자인하기 시작했다. 호주 시드니 피츠로이 거리에 디자이너와 함께 만든 놀이터는 제법 혁신적이다. 그러나 맥도날드는 여전히 놀이 기구 업자들의 가장 큰 고객으로 남아 있다.

호주 시드니 피츠로이 거리 맥도날드 매장의 디자이너 놀이터.

늘어나는 놀이터 소송과 어린이 비만

1970~1980년대에 놀이터 사고에 대한 우려와 소송이 늘어났다. 미국의 놀이터를 변호사들이 장악하기 시작했다. 그 영향으로 놀이 기구 안전에 대한 국가 표준을 준비하기 위한 실무팀이 만들어졌다. 동시에 놀이터 산업에서 표준 놀이 기구와 장비를 개발하기 시작했다. 기어코 사업가들은 통신 판매할 수 있는 판에 박힌 놀이 기구들을 양산했다. 어느새 놀이 기구의 안전 규정과 표준은 놀이 기구 생산자들의 배타적 이익에 봉사하게 되었다. 놀이터는 사업의 현장이 되었고, 놀이터를 재미있는 공간으로 만들고자 했던 시민들과 예술가들은 배제되었다. 놀이터가 늘어날수록 규제가 강화되었고, 예술가들과 시민들이 만들던 서사적인 놀이터는 극적으로 사라져버렸다.

짜릿한 흥분과 재미를 주는 요소들은 급격히 놀이 기구에서 사라졌다. 미국에서 어린이 비만과 놀이터에서 재미 요소의 감소가 일치하는 것은 우연이 아니었다. 1980~2010년까지 6~11세 어린이 비만은 6.5퍼센트에서 19.6퍼센트로 늘어났다.[1] 10대 비만은 5퍼센트에서 18.1퍼센트로 증가했다. 어린이 비만의 증가에는 여러 요인이 있겠지만, 거대하고 서사적인 놀이터가 사라진 것도 한몫했다. 나태와 상상력 부족, 책임 회피, 과도한 안전 규제로 인해 극적인 재미를 주던 놀이터들이 사라졌다.

뛰지 못하는 놀이터

인간은 강박증에 시달리는 동물임에 분명하다. 종종 집단 강박은 비정상과 모순을 상식으로 만들어버린다. 2005년 미국 플로리다주의 브라우어드 카운티 학교 놀이터 표지판 사건은 놀이터에서 안전에 대한 강박이 어느 정도인지 극명하게 드러냈다. 이 학교 놀이터에 "놀이터에서 달리지 마시오"라는 표지판이 붙었다. 비단 이 학교뿐 아니라, 재미있게 놀기 위한 규칙이라며 "놀이터에서 달리지 마시오, 뛰어오르지 마시오, 뛰어내리지 마시오"라는 표지판을 버젓이 단 놀이터들이 곳곳에 널려 있었다. 달릴 수 없고, 뛸 수 없고, 뛰어내릴 수 없는 놀이터는 더 이상 놀이터가 아니다. 당연히 아이들은 이런 놀이터를 외면했다.

그 틈새로 막대한 자본을 들여 놀이 지도자와 완벽한 안전 장치, 스릴 넘치는 모험 놀이 기구를 갖춘 닌자 워리어 코스(Ninja Warrior Course)와 같은 상업적인 놀이 시설들이 아이들과 청소년들, 성인들까지 끌어모았다. 한국에도 최근 고양시와 하남시의 거대 쇼핑몰 스타필드 안에 상업적 어드벤처 놀이 시설인 스포츠 몬스터가 들어섰다. 공공 놀이터는 위험에 대한 강박으로 과도한 안전 규제를 강제하며 재미없는 장소가 되어버렸고, 그 틈새로 위험과 모험을 상품화한 놀이 산업이 들어선 셈이다. 이제 놀이 공간도 돈을 주고 사야 하는 상품이 되었고 경제력에 따라 놀이도, 놀이의 기회도 양극화되기 시작했다.

놀이터의 역사는 초기 놀이터가 위험하지만 짜릿했던 놀이 기구들을 철거하고, 안전에 대한 과도한 강박과 규제, 놀이 기구 산업의 대량 생산과 결합하면서 어떻게 획일화되었는지 알려준다. 이제 안전 제일주의 놀이터는 다시 여러 나라에서 시민 재판정에 피고로 서고 있다. 그동안 안전을 위한 조치로 여겨지던 여러 방안들이 과연 실효가 있었는지 의문을 제기하는 이들이 늘고 있다. 위험의 제거가 실제 위험 대처 능력을 잃게 한다며 작은 위험을 놀이터에 복원하자는 주장을 지지하는 사람들이 늘고 있다. 이를 뒷받침하는 연구 보고들이 늘고 있기 때문이다. 우리도 놀이터 현실을 직시하고 위험이 사라진 놀이터를 재판정에 세워야 할 때다.

4
자연주의
놀이터 운동

표준화와 상업화로 놀이터가 획일화되던 때에 다른 한편에서는 이를 비판하며 자연주의 놀이터 운동이 일어났다. 획일적인 놀이 기구와 놀이 환경보다는 자연 재료를 가지고 놀거나 자연환경 속에서 놀아야 한다는 주장이었다. 현재까지도 놀이터 혁신에 영향을 끼치고 있는 자연주의 놀이터 운동의 역사와 가치를 살펴보자.

자연주의 놀이터의 역사

1930년대 스칸디나비아의 디자이너들은 어른의 눈이 아니라 어린이의 눈으로 놀이터를 디자인하고 놀이 활동을 보급하기 시작했다. 스칸디나비아에서 자연주의 놀이터 디자인은 전혀 새로운 아이디어가 아니었다. 이미 스웨덴은 자연환경을 지식과 학습을 위한 관찰과 경험의 터전으로 삼는 오랜 역사를 갖고 있었다. 1950년대 스웨덴에서는 미취학 어린이들이 숲 유치원을 선택할 수 있었다. 숲 유치원은 야외 수업 장소일 뿐만 아니라, 휴식과 놀이의 공간이었다.

1940년대 후반 덴마크에서 첫 번째 모험 놀이터가 등장했다. 그 뒤 1960년대에 유럽의 청소년들과 청년들이 기성 세대의 모든 질서에 저항하는 분위기에서 모험 놀이터가 유럽 전역으로 퍼졌다. 1970년대에는 미국에까지 전파되었다. 당시 모험 놀이터는 자연환경과 공터에서 아이들이 자유롭게 놀이 구조를 만들며 놀 수 있는 곳이었다. 모험 놀이터에서 자연 지형과 자연물은 간과할 수 없는 놀이 요소였다. 모험 놀이터의 주창자들은 도시 속 모험 놀이터를 시골의 자연환경과 농장처럼 만들고자 했다.

전후 유럽의 많은 국가들에서 베이비부머의 등장과 도시 팽창으로 대규모 건축 붐이 일어났다. 놀이터도 곳곳에 만들었다. 교육 당국이나 정부는 놀이터를 단순하고 질서정연하게 만들고자 했다. 그러나 새로운 세대의 저항적인 디자이너들은 놀이터에 자연과 교감할 수 있는 놀이 요소들을 적극 받아들이기 시작했다.

버클리의 환경마당

1971년 캘리포니아주 버클리의 '환경마당'은 로빈 무어(Robin Moore)와 허그 웡(Herg Wong)이 주도한 곳으로, 초기 자연주의 놀이터 디자인의 모형이다. 버클리 환경마당은 기존 학교 운동장을 활용했다. 콘크리트 놀이 구조물로 꽉 차 있던 평평한 학교 운동장을 자연적이고 환경적인 학습 공간으로 바꾸었다. 나무, 바위, 연못, 심지어 작은 폭포와 실개천까지 학교 운동장 안으로 끌어들였다.

아이들은 이곳을 사랑했지만, 안타깝게도 자연적 요소들은 서서히 사라졌다. 지진 때문에 나무가 넘어진 자리는 야구장과 잔디로 바뀌었다. 연못을 메운 자리에는 일반적인 놀이 기구가 들어섰다. 폭포와 실개천은 쓸모를 잃었다. 아무래도 학교 운동장 놀이터는 안전과 표준에 집중하는 경향이 있기 때문이었다. 우리 주변의 대다수 학교 운동장들은 나무를 제외하곤 자연적 요소를 가능하면 배제한다.

  1990년대에는 일군의 디자이너들이 놀이터에 채소 텃밭을 만들기 시작했다. 2005년에 나온 리차드 르부의《숲속의 마지막 아이들》은 현대 어린이들의 자연장애결핍증후군을 지적하며 숲속 놀이와 자연 속 활동의 치유효과를 강조했다. 이 책은 세계적 반향을 일으켰다. 자연주의 놀이터 운동의 영향은 21세기 북유럽의 놀이터와 숲 유치원, 숲 놀이터에 영향을 끼쳤다. 자연주의 놀이터가 늘어나자 관료들은 규제를 시도했다. 자연주의 놀이

스위스 취리히 홈브레히티콘의 아이히빌(Eichbuhl) 학교 운동장,
1964년 놀이터에 자연석 바위를 가져다 두었다.

터에서도 안전이 논쟁거리로 떠올랐다. 그러자 국제 놀이 단체인 에브리플레이(Everyplay)의 롤프 후버(Rolf Huber)는 "자연주의 놀이터도 자연처럼 규제 대상에서 면제해야 하는 것 아닌가요?"라는 말로 되받아쳤다.

자연 놀이터의 가치

현대 도시에서 자연환경과 생태적 놀이 환경은 점점 더 나빠졌다. 놀이 시간과 자연 공간의 축소, 공유 공간의 상업화와 사유화 탓이었다. 전자 기기, 낯선 위험, 도시화는 아이들로부터 자연환경과 자연물을 가지고 놀 기회와 시간을 빼앗았다. 자연결핍장애증후군은 점점 어린이 교육과 발달의 중요 연구 주제가 되었다. 자연환경 속 놀이에 관한 연구에 따르면 자연은 불안을 줄이고 신체적, 심리적 발달에 도움을 준다. 1986년 로빈 무어는 연구를 통해 아이들은 그 어떤 놀이 공간보다 생태적인 자연환경을 좋아한다는 점을 발견했다. 반면 콘크리트로 포장한 바닥과 산업적인 놀이 구조물이 들어선 놀이터를 좋아하지 않았다.

또한 어떤 연구들은 아이들이 야외 공간과 자연, 텃밭과 농장, 직접 바꿀 수 있는 자연물을 더욱 즐거워한다는 점을 발견했다. 놀이 구조에 자연 재료를 더하면 주목도가 높아진다. 그 결과 아이들이 공원, 학교 운동장, 자연적 요소, 자연 재료와 결합한 놀이 기구를 더 자주 이용하고 야외 활동을 즐기게 된다. 조 프로스트(Joe Frost) 박사는 아이들은 스스로 다양한 놀이 활동을 선택하고 기획하고 조작할 수 있는, 끊임없이 변화하는 놀이 환경에서 더욱 자극받기 때문이라고 말한다.

다른 연구자들은 어떤 놀이 환경보다 자연환경 속에서 아이들이 신체적으로 발달한다는 사실을 밝혀냈다. 자연 속에서 특별한 상호 작용과 교감 능력 역시 발달한다. 무엇보다 자연환경 속에서는 반복적인 놀이는 줄어드는 반면, 극적이고 건축적인 놀이가 발달한다. 그 결과 자연과 결합한 공간은 아이들에게 특별한 곳이 된다. 수잔 헤링턴(Susan Herrington)의 연구에 따르면 나무, 채소, 꽃 등을 가지고 노는 놀이터는 특히 적극적인 반응을 일으킨다. 인터뷰 결과 79퍼센트의 응답자들은 식물이 보다 감각적인 자극을 제공한다고 답했다. 테일러 쿠오(Taylor Kuo)는 주의력결핍장애를 겪는 아이들이 일반적인 환경보다 공원과 같은 생태적 환경에서 주의력이 나아진다는 점을 발견했다.

자연이 주는 안락함과 미적인 즐거움은 동반한 부모들도 야외 공간을 즐기게 만든다. 자연주의 놀이터는 생태 전문가나 숲 해설사, 예술가와 놀이 활동가에게 새로운 활동과 교육의 기회를 제공한다.

자연주의 놀이터 회사들

자연주의 놀이터 운동의 영향으로 최근 미국 뉴햄프셔 콩코드의 내추럴 플레이그라운드 컴퍼니(Natural Playground Company)와 캐나다의 비에넨스톡 내추럴 플레이그라운드(Bienenstock Natural Playgrounds) 같은 자연주의 놀이터를 디자인하고 시공하는 회사들이 등장했다. 이들은 가능하면 표준화된 놀이 기구보다는 자연적 요소들을 중심으로 놀이터를 디자인하고 있다. 2004년에 생긴 독일의 쿡쿡(KukKuk)은 목재, 특히 아카시아 원목을 사용해서 놀이 구조를 만든다. 이들은 "자연의 비정형성, 비구조성 속에서 아이들 스스로 놀이의 진입 지점과 경로를 발견하고 개척할 수 있을 때 즐겁고 행복할 수 있다"라는 놀이에 대한 통찰을 디자인에 반영하고 있다. 여기에 더해 아이들이 마치 숲속의 곤충이나 작은 동물과 새가 되는 상상을 하며 놀이 공간을 탐험하도록 유도한다. 이들은 마치 숲속의 새집 같은 나무집, 폭우로 쓸려 내려가 계곡에 쌓인 간벌한 나무 더미 같은 장애물 놀이 기구와 길놀이 구조, 동물과 곤충의 서식지가 되는 동굴이나 덤불을 모사한 놀이 구조를 숲속에 조화롭게 배치한다.

숲 놀이터의 핵심 세 가지

숲 놀이터는 자연주의 놀이터 운동으로부터 직접적인 영향을 받았다. 최근 국내에서도 유아 숲 놀이터, 숲 밧줄 놀이터 등 숲속 자연환경에서의 놀이 활동이 주목받고 있다. 몇 년 전 지방 도시 숲 놀이터 조성 프로젝트에 대한 자문 요청이 있어서 기획안을 검토한 적이 있다. 인터넷에서 뒤지면 나올 법한 목재 놀이 기구와 시설을 요즘 말대로 영혼 없이 배치한 기획안이었다. 숲속에 나무로 된 놀이 기구를 가져다 놓고 구역과 보행로를 만들면 숲 놀이터라는 발상이었다. 그러나 숲은 인공적인 놀이 기구로 보완하지 않아도 충분한 놀이 공간이다. 그 자체로 최고의 놀이 공간이자 장소다. 현대 도시의 놀이터는 사실 도시 속에서 사라진 숲속 활동 공간의 모사라는 점을 간과하지 말아야 한다.

자연주의 놀이터의 역사와 사례를 살피면서 내 나름대로 정리한 숲 놀이터의 핵심은 세 가지다. 우선, 숲속의 자연을 놀이 환경과 놀이 구조로 발견하고 재해석하는 것이다. 물론 숲 환경에 어울리는 재료와 형태로 만든 놀이 기구나 편의 시설을 보조적으로 둘 수는 있다. 에식스(Essex)의 숲 놀이터는 숲속에 쓰러져 있는 나무를 그대로 놀잇감으로 사용한다. 두 번째, 숲속 자연환경을 새로운 눈으로 관찰하는 활동이다. 관찰을 위해 숲 놀이터에 몇 가지 섬세한 손길을 더할 수 있다. 예를 들면 환경 예술가 어테퍼 카스(Atefeh Khas)처럼 나무에 실을 걸어 숲을 연결하거나 막으면, 아이들은 숲속 공간을 보다 섬세하게 느끼고 관찰할 수 있다. 예민해진 공간 속에서 아이들은 자신의 동작을 주목하게 되고 보이지 않던 좌표와 자신의 위치를 의식하게 된다. 얼마나 놀라운 기적인가? 세 번째, 숲 놀이터를 만드는 핵심은 숲속 자연물을 이용하거나 숲속 공간에 어울리는 놀이 활동이다.

리와일드 포틀랜드

숲속에서 놀고 배우며 자연과 교감할 때 인간은 행복하다. 인류는 숲속에서 수만 년을 살아왔다. 도시화가 빨라질수록 인간은 숲속의 생활을 모사하고 갈망한다. 사람들은 자신도 모르게 오랫동안 누적된 무의식의 요청에 따른다. 숲속에서의 활동이야말로 숲을 놀이터로 만드는 핵심이다. 이런 점을 가장 잘 알고 있는 이들은 다시 야생에서 아이들이 뛰놀고 활동하는 것이 무엇보다 중요하다는 점을 인식하기 시작했다. 미국 오리건주 북서부의 포틀랜드에서 활동하고 있는 리와일드 포틀랜드(Rewild Portland)[2]는 우리에게 다양한 숲속 놀이와 활동 사례를 보여준다. 리와일드 포틀랜드와 브래드포드의 숲속 활동 프로젝트인 뿌리학교(https://rootsvt.com)는 단지 전통적이고 협소한 의미의 놀이나 관찰을 넘어 원초적인 기술과 공예로까지 확장한 풍부한 프로그램들을 자세하게 소개하고 있다. 이곳에서는 기술이 곧 놀이가 된다. 리와일드 포틀랜드는 자신들의 프로젝트 선언서에서 숲속 활동

케틀러 호프(Ketteler Hof)에 쿡쿡이 시공한 자연 모험 놀이터(위).
페르시아 환경 예술가 어테퍼 카스의 숲속 작품(아래).

과 놀이, 교육에 대한 깊은 통찰을 드러낸다. 청년 문화 단체인 '문화로놀이쨩'에서 활동하던 안정화 씨가 번역했다.

　　자연과 인간은 분리되지 않았다. 자연으로부터 인간이 필요한 것들을 착취하기보다는 우리의 문화를 자연 풍경 속에 통합하는 법을 배워야 한다. 자연이 스스로 재생하고 회복하는 방식을 배워야 한다. 자연의 법칙을 따라야 한다. 인간 존재는 자신이 삶을 의존하고 있는 장소를 얼마나 잘 이해하는지에 달려 있다. 숲속의 교육은 이것을 이해하도록 돕는다. 우리는 모든 근대의 기술적이고 상업적이며 인위적으로 구조화된 오락에 길들여졌다. 자연으로부터 너무 멀어졌다. 자연결핍장애는 자연의 치료 효과로부터 분리된 결과다. 숲속의 교육은 인간 문화가 지속되는 데에만 필수적인 것이 아니라 개인의 정신 건강을 위해서도 필요하다. 사람들은 놀이를 통해 배운다. 진짜 배움은 재미있고 장난 같지만 불편하고 도전적이어야 한다. 친구들과 함께 반응하며 즐기는 놀이를 위해 학생들에게 숲속을 탐험하는 구조화되지 않은 시간을 제공한다.

　　숲속에서 노는 것은 측정할 수 없는 수많은 정보를 준다. 통나무 위에서 균형을 잡거나 험한 곳을 헤매거나 달밤을 거닐며 공간과 위치, 이동의 감각을 키울 수 있다. 나뭇가지나 잎들로 요새를 짓는 동안 무의식적으로 기본적인 공학 기술과 건축 기술을 배우거나 모닥불을 피우며 마찰, 장력, 힘의 물리학을 배울 수 있다. 자연과의 상호 작용은 문제 해결과 사회적 협동을 위한 자연스러운 교훈과 타인에 대한 배려를 발달시킨다.

　　교육은 버려지는 상품이 되어서는 안 된다. 숲속의 놀이와 야생의 기술 교육이 단지 "난 이거 해봤어"라는 정도의 체험에 머물러서는 안 된다. 지식과 숙련은 경험으로 만들어진다. 현대의 교육은 아이들에게 지식과 경험이 한두 번 들어봤기 때문에 안다고 생각하도록 만들지만 실은 듣고 잊어버리는 것은 결국 소비되는 것이다.

수렵채집인들은 자신의 아이들에게 자연에 관한 많은 것들을 가르칠 수 있었다. 전통적인 문화에서 아홉 살 정도만 되면 아이들은 스스로 살아남을 수 있었다. 과거의 아이들은 은신처, 물, 음식을 조달하고 불을 피울 수 있었다. 천적을 피하는 방법과 먹이를 유인하는 방법을 알았다. 학교를 다니지 않아도 다 할 수 있었다. 전통의 문화는 교육적 경험으로 둘러싼 보이지 않는 교육 시스템이 있었다. 우리는 자연과 소통하는 방법과 자연을 살아 있게 하는 방법으로 자연을 통해 나아간다.

사람들에게 '원시' 기술이라는 걸 단순히 가르치는 것만으로 충분치 않다. 우리는 그런 기술들이 이야기와 아름다움과 함께 삶이 되도록 해야 한다. 간단한 '도구'가 삶이 되고 아름다운 공예품의 호흡이 되고, 의미로 풍부하고 정신적 의의가 충만해지는 곳, 다른 이들이 부주의하게 생명이 없다고 여기던 것들에서 타고난 생명을 보고 밝혀낸다. 사람들이 거의 물체만 보는 곳에서 관계를 본다. 돌 형제, 삼나무 자매, 쐐기풀 아저씨, 너구리 사촌. 우리는 사람들이 사람 이상의 세계에서 사람이 되는 게 무엇인지 기억하도록 돕는다. 세계가 번성하고 살아있도록 우리는 계속 몸과 문화, 땅을 재생해야 한다. 재앙을 초래하지 않고 자원을 무한하게 이용할 수는 없다. 공간에 대한 이해와 땅의 복원을 통해 비탄과 찬양, 해와 비, 생명력을 되돌려놓는다.

간략하게 자연주의 놀이터의 역사, 자연환경의 가치와 영향, 기술 놀이까지 나아간 숲속 활동들에 대해 살펴보았다. 만약 자연주의 놀이터 운동에 동의한다면 부모는 아이가 가장 즐겁고 행복하게 놀도록 숲속 놀이터나 보다 자연적인 요소를 포함한 놀이터를 찾아갈 수 있다. 그러나 무엇보다 중요한 과제는 우리 일상이 벌어지는 도시 속에 숲과 정원, 도시 농장 등 자연환경을 보존하고 넓히는 일이다. 지금보다 생태적인 곳으로 바꾸고 전복할 때 도시는 지속가능하다. 그리고 도시에서 일상적으로 자연과 교감하는 활

리와일드 포틀랜드의 캠프에선
관목을 이용한 바구니 짜기에 도전할 수 있다.

동을 늘려야 한다. 비록 우리와 우리 아이들이 자연으로부터 멀어진 현대 도시의 난민일지라도 우리의 오랜 본능은 자연 속에서의 활동과 놀이를 원하기 때문이다. 놀이의 즐거움은 어쩌면 근원적인 본능을 충족시킬 때 일어나는 반응일지도 모른다.

5

전쟁의 폐허 속에서 태어난
모험 놀이터

자연주의 놀이터 운동은 현재까지도 강력한 영향을 끼치고 있고, 놀이 기구와 예술 작품을 통합하려 했던 예술적인 놀이터, 이야기와 영화 속 테마를 구현한 서사적인 놀이터도 1979년 이후 쇠퇴했다가 21세기 들어서 다시 부활하고 있다. 자연주의 놀이터로부터 영향을 받으면서도, 놀이 선택의 자유와 놀이터에서 작업, 건축, 기술 놀이를 전면으로 부각시킨 곳이 바로 모험 놀이터다. 최근 한국에서 유행처럼 회자되고 있지만, 그 실체가 잘 알려져 있지 않다. 나는 대안적인 놀이터 가운데 특히 모험 놀이터를 한국의 놀이터를 혁신할 중요한 대안으로 여긴다. 지금까지 개념과 명칭으로만 떠돌던 모험 놀이터에 대해 좀 더 자세하게 살펴보자.

도시 속 농장 같은 놀이터

1931년 새로운 놀이터 아이디어는 1차 세계대전이 남긴 폐허 속에서 나타났다. 덴마크 조경사인 칼 테오도어 쇠렌센은 아이들이 공공 놀이터보다 폭격지나 공터, 파괴된 건물과 버려진 공사장에서 잡동사니와 쓰레기를 가지고 오히려 즐겁게 노는 것을 발견했다. 아이들은 어수선하고 지저분한 장소에서 어른들의 간섭 없이 자유롭게 자신들의 놀이 공간과 구조를 만들며 놀고 있었다. 아이들은 자기 손으로 대단한 모험거리를 만들어내고 있었다. 쇠렌센은 안전을 이유로 모험과 스릴을 제거한 놀이터가 무슨 의미가 있는지 의문을 갖게 되었다. 그는 도시 아이들이 농촌 아이들처럼 어른이 간섭하지 않는 공간에서 자유롭게 자신들의 놀이 공간과 놀이 구조를 만들도록

1977년 8월 7일자 〈선데이 타임스〉에 실린 가장 이상적인 모험 놀이터 아이디어.

허용하는 "도시 속 농장 같은 놀이터"를 구상했다.

1977년 8월 7일자 영국의 유력 잡지 〈선데이 타임스(The Sunday Times)〉
에 실린 모험 놀이터 삽화는 가장 이상적인 모험 놀이터를 그리고 있다. 이
것은 낡은 잡지의 삽화를 채색 복원한 것이다. 모험 놀이터를 도시 속 농장
같은 놀이터로 만들고자 했다는 점을 분명하게 알 수 있다. 삽화는 나무로
지은 복합 놀이 구조물과 놀이 망루, 그네, 물놀이 연못, 불놀이터, 자재가
쌓여 있는 건축 놀이 공간, 버려진 하수관으로 만든 놀이 터널, 작은 축구장,
자연 지형을 살린 작은 계곡과 숲 공간, 계곡에 버려진 폐자동차, 숲속의 토
굴, 유아를 위한 실내 놀이 공간과 놀이 교실, 탁구장, 식당, 닭과 돼지, 양을
키우는 축사, 텃밭, 퇴비장, 폐타이어, 작은 무대, 건축 자재를 내리는 트럭
과 인부, 아이들을 묘사하고 있다. 쇠렌센은 이러한 모험 놀이터를 조경사
인 자신이 주도하기보다 아이들과 부모들이 주도해 만들 수 있기를 바랐다.
그는 자신의 직업적 이해를 뛰어넘어 전망과 대안을 제시하고 가치를 실현
하고자 했던 것이다.

1930년대는 정치가 우경화되고, 경제 위기가 심화되던 시기였다. 이때
놀이터는 다음 세대에 대한 투자이면서, 우경화에 대한 자연주의와 인본주
의에 기초한 시민들의 대응이었다. 이러한 분위기에서 쇠렌센은 자신의 구
상대로 코티지 공원(Cottage Park)에 모험 놀이터를 만들자고 제안했지만
거부당한다. 역사에 남을 혁신은 언제나 시대의 변화를 보지 못하는 이들에
의해 거부당하거나 배척된다.

기술 놀이, 제작 놀이, 건축 놀이터

모험 놀이터의 역사에서 주목할 또 한 사람은 한스 드라게옐름이다. 드라게옐름은 1907년 덴마크에 최초로 모래상자를 들여왔다. 그는 쇠렌센과 함께 코티지 공원 프로젝트에 참여했다. 이들의 거부당한 제안서에는 모험 놀이터의 중요한 철학이 담겨 있었다. 그는 제안서에서 아이들은 "자연 인간"이라는 자연스런 충동을 가지고 있으며, 굴을 파고, 기어 오르고, 싸우고, 사냥하기를 원한다고 주장했다. 쇠렌센과 드라게옐름은 자연이 어린이 발달에 매우 중요하다고 여긴 자연 놀이 중심의 유아 교육을 주장한 프리드리히 프뢰벨(Friedrich Wilhelm August Frobel)로부터 큰 영향을 받았다. 이들은 또 다른 교육 사상가의 영향도 받았다. 덴마크의 심리학자, 열정적 교육 개혁가이자 엠드럽(Emdrup) 지역의 장학사였던 앤느 마리 노빅(Anne Marie Nørvig)은 "놀이는 어른의 일과 생활 기술을 흉내 내며 습득하는 과정이며, 파괴적인 충동 역시 건설적인 놀이"라고 생각했다. 쇠렌센과 드라게옐름은

엠드럽의 모험 놀이터에서 폐벽돌로 집짓기를 하고 있는 아이들.

놀이가 생활과 직업에 필요한 기술을 자유롭고 즐겁게 습득하는 과정이라는 앤느 마리 노빅의 주장에 깊이 공감했다. 쇠렌센과 드라게옐름은 자연환경과 자연 재료만으로 충분하지 않고 톱, 망치와 같은 도구로 만들고 부수고 다시 만드는 기술 놀이, 제작 놀이, 건축 놀이가 필요하다고 생각했다. 이들은 전문가들 손으로 미리 만든 놀이 기구와 놀이터가 아니라, 놀이터에서 아이들의 다양한 놀이 활동을 더 강조했다. 이러한 이들의 생각은 이후 유럽, 미국, 일본 등 전 세계에 모험 놀이터(Adventure Playground) 운동을 퍼뜨리는 계기가 되었다. 초기의 모험 놀이터는 아이들이 쓰레기와 잡동사니를 가지고 자신들의 놀이 구조와 기물을 만들며 놀았고 놀이터에 온갖 잡동사니가 쌓여 있었기 때문에 잡동사니 놀이터(Junk Playground)로 불렸다. 그 뒤 영국에 소개되면서 모험 놀이터로 바뀌었다.

엠드럽에 등장한 무정부 놀이터

쇠렌센과 드라게옐름의 구상은 오랫동안 실현되지 못하다가 1943년에 최초의 모험 놀이터가 덴마크 코펜하겐 엠드럽에 등장한다. 그들은 1940년 엠드럽 지역의 노동자협동조합과 함께 모험 놀이터를 만들었다. 모험 놀이터는 719세대 노동자 조합 주택의 일부였다. 당시 덴마크는 독일 나치의 지배를 받고 있었다. 노동자 부모들은 나치의 통제를 벗어나 아이들에게 놀이를 선택할 자유와 스스로 자율적 질서를 만들어갈 기회를 주고자 했다. 놀이의 자유와 자율을 체득한 아이들이 덴마크 해방을 위한 희망의 씨앗으로 자라길 바랐다. 이처럼 모험 놀이터는 덴마크를 점령한 나치 정부의 지배를 거부하는 자율과 무정부의 공간이었다.

쇠렌센은 이곳에서 놀이 환경과 구조를 만들 권한을 건축가나 조경가로부터 아이들에게, 놀이의 방법과 규칙, 놀이를 선택할 권한을 놀이 감독관으로부터 아이들에게로 넘겼다. 놀이터의 시민권을 아이들에게 돌려준 셈이다. 이러한 결정은 나치 치하에서 용기와 급진성, 저항, 천재성을 의미했다. 900여 명이나 되는 노동자의 자녀들이 참여해서 엠드럽에 모험 놀이터를 만들었다. 매일 평균 200~400명의 아이들이 모여들었다. 놀이터 만들기는 공사 프로젝트이자 놀이 그 자체였다. 아이들은 폐목재, 버려진 벽돌, 버려진 천, 폐타이어, 철사, 공사장에서 나온 파이프, 돌, 그물, 통나무, 공, 버려진 가구, 자동차 바퀴, 폐차 등 오만가지 잡동사니들로 놀이터를 만들었다. 아이들은 땅을 파서 굴을 만들었다.

아이들은 모험 놀이터를 만드는 과정에서 자신들의 놀이 환경을 통제하고 변형하고 건설하는 데 필요한 수많은 재료와 방법을 발견하고 익히며 다양한 문제에 자율적으로 도전했다. 아이들은 이 놀이 공간에서 물, 흙, 바람, 불, 다양한 도구와 재료로 작업하고 통제할 수 있는 지식과 지혜, 기술을 습득해나갔다. 쇠렌센은 이 잡동사니 놀이터에 대해 다음과 같이 말했다.

"아이들은 꿈과 상상력을 발휘해서 상상 속의 현실을 어찌되었든 현실로 만들 수 있었습니다. 아이들이 몰려들었고 생명의 에너지를 맘껏 발산하며 완전히 흡족해 합니다. 내 눈에 사실 이곳은 어수선하고 추해 보이지만, 나는 내 작업 가운데 가장 아름다운 장소를 실현하는 데 기여할 수 있었습니다."

영국에서 꽃핀 모험 놀이터

영국 허트우드의 조경사 마조리 알렌(Marjori Allen)은 영국의회가 지원한 강의 여행을 위해 노르웨이로 향했다. 알렌이 탄 비행기는 재급유를 위해 덴마크 코펜하겐에 잠시 머물렀다. 이때 그녀는 덴마크 프뢰벨 교육 대학의 옌 식스가드(Jens Sigsgaard)를 만난다. 알렌은 그의 소개로 인근에 있던 엠드럽의 모험 놀이터를 방문했다. 그녀는 영국으로 돌아와 1946년 '왜 폭격지를 이와 같이 사용하지 않는가?'란 글을 당시 유명 잡지였던 〈픽처 포스트(Picture Post)〉에 기고했다. 그녀는 엠드럽의 모험 놀이터에 대해 "처음 엠드럽의 놀이터를 방문했을 때 발은 온통 진창에 빠져 젖었다. 섬광 같은 깨달음이 스쳤다. 무언가 아주 새로운 가능성을 보았다. 그곳은 버려진 자재들로 가득 차 있었다. 제대로 만든 구조물은 없었다. 아이들은 땅을 파고, 집을 짓고, 모래, 물, 불 장난을 하고, 모험 놀이를 즐겼다. 그리고 그럴 수 있다는 믿음이 있었다"라고 표현했다. 폭격지를 놀이터로 활용하자는 알렌의 주장은 영국에서 큰 반향을 일으켰다. 알렌의 글은 젊은 노동자들에게 큰 영향을 끼쳤는데, 이들은 영국 모험 놀이터 역사에서 주요한 역할을 했다.

런던의 캠벌웰에서는 실험적인 잡동사니 놀이터를 만들어 1948~1951년에 운영했다. 두 번째 모험 놀이터는 1952년 런던 켄징턴 북부의 클라이즈데일(Clydesdale)에 문을 열었다. 1955년엔 롤라드 거리(Lollard Street)에도 모험 놀이터를 만들었다. 이곳은 지금까지도 운영 중이다. 1960년대는 국가적 권위에 저항한 아나키의 시대였다. 모험 놀이터는 전후 기성세대에 저항한 젊은 68세대의 혁명적 열기와 자율, 자유의 정신과 함께 유럽 전역으로 퍼져나갔다. 그 결과 1962년 런던모험놀이터네트워크가 만들어졌다. 네트워크에 참여한 놀이 활동가들은 1973년까지 영국 전역에 60여 개의 모험 놀이터를 만들었다. 1970년에는 장애인모험놀이터협회(HAPA)가 설립되었고, 이곳의 의장이 된 알렌의 노력으로 1970년 장애인을 위한 첼시(Chelsea) 모험 놀이터가 개장했다. 현재 런던에만 약 100개, 영국의 그 외 지역에 150여 개의 모험 놀이터가 있다. 영국에서 다시 유럽으로 전파되어 덴마크, 프랑스, 독일, 네델란드, 스위스 등 1천여 곳에서 모험 놀이터를 운영하고 있다. 현재는 멀리 미국, 일본까지 확산되었다.

스위스의 로빈슨 놀이터

모험 놀이터는 태생적으로 제도와 국가에 저항했지만 조금씩 타협과 변형을 시도했다. 알프레트 트락셀(Alfred Trachsel)은 1950년대 스위스 놀이터의 영웅이었다. 그는 최초로 놀이터 모래밭에 쓰러진 고목을 가져다 놓았다. 그는 도시의 아이들에게 잃어버린 놀이와 창작의 공간, 우주적 경험을 제공하고자 했다. 특히 2차 세계대전 뒤 아이들의 전쟁 트라우마를 치유하

스위스 취리히의 로빈슨 크루소 놀이터. 모래밭 한가운데에 고목을 가져다 놓았다.

길 원했다. 모험 놀이터가 그 해답이었다. 국민 복지의 공공성을 강조하던 스위스에 모험 놀이터를 구현해보고자 했지만 변형이 필요했다.

그는 놀이터가 시골 마을 정자 옆의 큰 고목이나 서낭당처럼 마을의 정신적, 문화적, 사회적 중심이어야 한다고 생각했다. 그는 아이들이 자유롭게 건축 놀이를 할 수 있는 모험 놀이터 공간에 일반적인 놀이터, 마을 센터, 극장, 공연장, 수영장을 결합한 공공 놀이터를 구상했다. 그리고 놀이터 건물의 한쪽에는 남녀 노소를 막론하고 마을 사람들이 소통할 수 있도록 커다란 칠판을 붙이고 싶었다. 알프레트 트락셀은 스위스 취리히에 자신의 구상대로 놀이터를 만들었다. 그는 이 놀이터에 영국 작가 대니얼 디포가 1781년 발표한 무인도에서의 모험과 도전을 그린 장편 소설의 주인공 이름을 붙였다. 바로 로빈슨 크루소 놀이터였다. 스위스에서는 줄여서 로빈슨 놀이터(Robinsonspielplatz)라고 부른다. 그는 이러한 스위스판 모험 놀이터에 대한 자신의 경험과 주장을 담아 1959년 《놀이터와 마을센터(Spielplatz und Gemeinschaftszentrum)》를 출간했다.

노르웨이의 타잔정글 놀이터

노르웨이에서도 모험 놀이터는 타잔정글 놀이터(Jungelleikeplassen)로 변모했다. 폐타이어와 밧줄로 만든 타잔정글 놀이터는 혁신적 모험 놀이터로 지난 25년간 노르웨이에서 널리 퍼져나갔다.

미국 앨라배마에서 활동하던 아동 발달학 교수 톰 얌보어(Tom Jambor)는 안식년(1982~1983) 동안 노르웨이 볼다(Volda) 교원 대학에 체류했다. 그는 이곳에서 주민 참여 조성 놀이터 프로젝트에 뛰어들었다. 그는 이미 앨라배마에 50개 정도의 놀이터를 만든 경험이 있었다. 톰 얌보어 교수가 진행한 첫 번째 프로젝트는 노르웨이의 헬트너(Heltne) 마을 학교 학부모들과 함께 경사진 언덕에 놀이터를 만드는 일이었다. 이때 어린이의 신체 움직임에 관심을 갖고 있던 폴다 교원 대학의 아스비른 플레먼(Asbjørn Flemmen) 교수가 이 놀이터 프로젝트에 참여했다. 그러나 예산이 부족했다. 이들은 폐타이어와 나뭇가지에 밧줄을 걸어서 타잔이 살던 정글처럼 놀이터를 만들었다. 놀이 구조의 진입 지점이 여러 곳이고, 아이들이 놀이 공간에서 밧줄을 붙잡고 흐르듯 움직이도록 만들었다.

톰 얌보어 교수가 미국으로 돌아간 뒤 노르웨이에 남아 있던 아스비른 플레먼 교수는 이때의 경험을 살려 타잔정글 놀이터를 더욱 발전시키고 확산시켰다. 그는 1989년 폴다 지역의 오피 정원(Oppi Garden) 유치원에도 정글 놀이터를 만들었다. 이곳에는 높은 나무들이 있었다. 이 나무를 장대 삼아 폐타이어와 밧줄을 고정시켰다. 이 놀이터는 20년 이상 유지되고 있다. 많은 아이들이 놀이터를 이용하지만 유지 관리는 최소한만 필요하다. 1995년엔 폴다 교원 대학 실험실에서 실험과 전시를 위해 타잔정글 놀이터를 만들었다. 이곳에도 높은 구조물과 밧줄을 사용했다. 1999년에는 카르메이(Karmøy) 지역 학교들에 보급하기 위한 사전 프로젝트로 레저 공원 안에 있는 스키드네스험(Skudesneshavn) 학교에 타잔정글 놀이터를 만들었다. 이때는 '진짜 놀이와 자발적 스포츠(Real play and spontaneous sports)'를 주제로 삼아 타잔정글 놀이터를 만들었다. 이후 노르웨이에서 타잔정글 놀이터가 널리 퍼져나갔다. 타잔정글 놀이터는 점차 디딤대로 폐타이어를 사용하고 나무 구조물 대신 높은 금속 강관 구조물이나 장대를 사용했다. 밧줄은 초기 천연 섬유 밧줄에서 내구성이 높은 컴파운드 로프나 체인 사슬로 바꾸었다. 이 놀이터는 언뜻 보기에 숲 밧줄 놀이터의 변형같이 보이지만 형태나 조성 방식에서 차이가 있다.

폐타이어와 긴 밧줄에 매달린 사다리 형태의 손잡이가 특징인 타잔정글 놀이터.

독일의 도시 농장 모험 놀이터

1952년 만하임에 독일 최초의 모험 놀이터가 등장했다. 1967년에는 베를린 최초의 모험 놀이터가 메르키셴 피르텔(Markischen Viertel)에 등장했다. 거의 동시에 첫 번째 청소년 농장이 슈투트가르트-엘젠탈(Stuttgart-Elsental)에 개장했다. 하지만 1960년대 말까지 독일에서 모험 놀이터는 아직 사회 운동으로 발전하지 못했다. 그러다 68혁명 대열에 동참했던 이들 가운데 놀이터를 개혁하려는 학생, 젊은 부모, 교육자 그룹이 교육뿐만 아니라 사회문화적 환경을 개선하려는 운동을 펼쳐나갔다. 이들은 자신들이 살고 있는 지역의 생활 공간을 바꾸고자 했다. 이들은 기능적으로 용도를 제한한 공공장소에 대해 의문을 갖기 시작했다. 공공장소를 이용하려면 관공서의 허락이 필요했기 때문에 시민들이 자유롭게 이용할 수 없었다. 이들은 이런 곳들을 바꾸려 했다. 이처럼 모험 놀이터 운동은 68혁명의 일부였다. 사회를 일상에서부터 바꾸고자 하는 밑으로부터의 사회 개혁 운동이었다. 놀이터는 단지 아이들의 놀이 공간만이 아니라, 지역 공동체에서 시민 협력과 교류, 시민 활동의 거점이 되었다.

1971년 서독 지역 최초의 모험 놀이터는 도르트문드-뤼트겐도르트문트(Dortmund-Lutgendortmund)에서 나타났다. 노르트라인베스트팔렌 지역에서는 아동청소년의열린작업을위한모험놀이터전문가협회가 등장했다. 열린 작업은 어린이들이 실제 도구를 가지고 놀이로 제작과 건축을 할 수 있도록 하는 것이었다. 이 단체는 건축과 실제 놀이를 옹호했다. 모험 놀이터는 어떤 활동에 중점을 두느냐에 따라 건축 놀이터, 청소년 농장, 어린이 농장으로 나뉘었다. 1972년 청소년농장과모험놀이터협회로 모이기 전까지 독일의 대도시에 400여 개의 모험 놀이터가 등장했다. 청소년농장과모험놀이터협회에는 현재 170개 이상의 놀이터가 참여하고 있다.

유럽으로 퍼져나간 모험 놀이터 가운데 도시 농장과 결합한 곳이 많았다. 베를린에서 결성된 모험놀이터와어린이농장협회는 도시 농장과 결합한 모험 놀이터들의 협회다. 독일 베를린의 놀이 활동가들과 도시 농장 활동가들이 10년의 노력 끝에 1994년 10월 설립했다. 도시 농장과 모험 놀이터의 결합은 새삼스러운 것이 아니었다. 덴마크에서 모험 놀이터가 처음 생길 때부터 모험 놀이터는 도시 속에 농장과 같은 놀이 공간을 만들었다. 도시 농장 모험 놀이터는 유럽 전역에 1천 곳에 이른다. 독일에만 400곳의 모험 놀이터가 있다. 이 가운데 다수가 유럽도시농장연합과 관련이 있다. 유럽도시농장연합은 향후 20년 동안 유럽 전역에 2천 개가 넘는 모험 놀이터가 있는 도시 농장을 만들 계획이다.

이들이 계획하고 있는 도시 농장 모험 놀이터는 문명의 기억을 반영한다. 1만 년 이상 경작과 가축 사육은 문명의 자연스러운 부분이었고, 농경은 도시화 과정의 근원이었다. 반면 현대 도시는 농지와 가축 농장을 완전히 도시 밖으로 밀어버렸다. 삭막한 도시 환경에 지친 현대인들은 다시 유전자에 각인된 1만 년의 기억을 되살려 농장과 놀이터를 결합한 근원적인 땅을 다시 도시 속에 구현하고 있다. 그들은 도시 농장에서 단지 텃밭 농사에만 머물지 않고, 오래전 '잃어버린 땅'에서 가능했던 모든 삶과 활동들을 다시 복원하려 한다. 이곳에서는 농촌에서 가능했을 다양한 수공예 활동과 생활 도구 제작, 놀이, 축제 등 다채로운 활동을 벌인다.

지금까지 모험 놀이터의 역사를 살펴보았다. 덴마크 엠드럽에서 시작된 모험 놀이터는 영국으로, 영국에서 다시 68혁명의 열기를 타고 유럽 전역으로, 그리고 미국, 일본까지 건너갔다. 아직 한국에는 모험 놀이터의 소문과 이름만 들릴 뿐이다. 모험 놀이터라 이름 붙인 놀이터들이 몇 곳 등장했지만 정작 모험 놀이터의 철학이나 실체와 거리가 멀다. 너무 얄팍한 이해 때문인지 겉모습조차 흉내 내지 못했다.

모험 놀이터의 역사에는 자신의 이익을 넘어선 조경가들, 사회적 맥락과 조건에 맞춰 모험 놀이터를 변형한 건축가, 놀이에 대한 통찰력을 갖춘 교육자, 나치 지배 속에서 아이들을 통해 해방 이후의 희망을 꿈꾸던 덴마크의 노동자들, 전후의 폐허 속에서 아이들의 상처를 치유하길 원했던 영국의 젊은 노동자들, 부족한 형편에도 폐타이어와 밧줄로 놀이터를 만들던 주민들과 아이들이 등장한다. 변화란 현재에 지배받지 않는 사람들로부터 시작된다. 마을에 모험 놀이터를 만들고자 한다면 정부의 지원이 우선이 아니다. 부족하고 열악한 조건에서도 엄두를 내어 도전하고 수십 년 동안 각자의 자리에서 책임을 갖고 활동하는 사람들, 그 누구보다 놀이터가 있는 그곳에 오랫동안 살며 놀이터를 가꾸는 마을 사람들과 아이들이 필요하다.

놀이터의 역사를 살펴보며 놀이터 운동이 사회 운동이라는 점에 주목하게 된다. 초기 박애주의자들과 사회 개혁가들의 놀이터 운동에서부터 표준화, 획일화의 대안으로 등장한 자연주의 놀이터 운동, 예술 놀이터 운동, 그리고 모험 놀이터까지 놀이터는 하나의 운동이었다. 모험 놀이터는 더더욱 그렇다.

독일 뒤셀도르프의 엘러(Eller) 모험 놀이터는 1970년대 초반 학생 운동의 결과였다. 68 혁명은 정치 질서만이 아니라 소소하지만 구체적인 일상의 조건과 환경까지 바꾸려 했다. 학생들은 투쟁을 통해 시와 협력 모델로 모험 놀이터를 만들어 지금까지 운영하고 있다. 엘러모험놀이터협회는 시와 다년 계약을 맺음으로서 안정적인 운영을 보장받는다. 협회는 파트타임 직원, 비정규직인 인턴과 2명의 사회복지사를 고용하고 있다. 현재 이곳에서 8명이 일하고 있다. 8명으로 구성된 이사회는 직원들의 파업 역시 지속적인 운영을 위한 높은 수준의 행위라고 생각한다. 이들은 파업을 정당한 갈등 조정 과정으로 본다. 이사회의 4명은 실무자고 4명은 감사다. 이사들은 2년마다 총회에서 선출한다.

엘러 모험 놀이터에는 회원 카드를 작성한 회원만 300명에 이른다. 이렇듯 모험 놀이터는 놀이터 시민 사회의 중심이다. 자원봉사자 회원들은 운영, 실행, 조직, 정치적인 업무를 담당한다. 일상적인 업무는 교육 활동이다. 3개 부서로 나누어 정기적으로 업무를 순환한다. 불놀이장과 워크숍 그리고 재료 분배 담당, 가축사와 정원 담당, 건축 놀이장과 정글 담당으로 나뉘어 있다. 매주 또는 매일 업무회의를 한다.

이곳의 면적은 9,900제곱미터(3천 평) 정도. 다양한 구획으로 나뉘어 있다. 전통적인 모험 놀이터 영역이 가장 큰 부분을 차지한다. 가축들이 있는 곳과 초지가 상당한 정도를 차지하고 그 다음 체험 숲이 있다. 체험 숲에는 밧줄 놀이 기구들이 있고, 연못과 그밖

의 생태 환경이 있다. 놀이터에는 불놀이장, 대장간, 작업장, 정원, 흙탕물 놀이터, 등반

탑, 작은 놀이터, 물 미끄럼틀, 바베큐 오두막 등 재미난 곳들이 많다. 무엇보다 가장 눈

에 띄는 곳은 모험 동굴이다. 100미터나 되는 미로를 동굴 안에 만들었다. 실내 놀이와

모임을 할 수 있는 건물도 있다. 엘러 모험 놀이터는 이처럼 회원제 어린이 클럽 하우스

로 운영하는 방식이 아닌, 시가 어린이들에게 다양한 경험을 제공하는 공공 모험 놀이

터로 남아 있다.

6
예술,
놀이터를 발견하다

예술이 드디어 놀이터를 발견했다. 1949~1979년은 예술적이고 서사적인 놀이터의 전성기였다. 놀 수 있는 조각품(Palyable Sculpture)들이 공원에 나타났고, 놀이터는 전경(全景)이 되었다. 공간을 탐색할 수 있는 건축적 놀이터와 거대하고 서사적인 복합 놀이 기구들이 등장했다. 1960년대는 테마 놀이공원의 시대였다. 놀이터에 분 거센 상업화와 표준화, 강력한 안전 규제로 예술가들이 놀이터에서 밀려나기까지 이들은 놀이터에 창조적인 영감을 불어넣었다.

예술가들의 의도

1950년대 미국에서 놀이터는 지역 사회의 중요한 랜드마크였다. 하지만 표준화된 철제 놀이 기구 일색인 놀이터가 눈에 거슬리는 곳으로 비난 받으면서 드디어 예술가, 건축가, 조경 디자이너들이 놀이터를 디자인할 기회를 갖게 되었다. 예술가들은 생명력 없는 강철 구조와 철장처럼 규격화된 놀이터를 자신들의 판타지로 바꾸기 시작했다. 그들은 놀이터를 놀이 활동을 통해 예술을 경험할 수 있는 장소로 만들고자 했다.

건축가이자 조각가였던 알도 판 에이크(Aldo van Eyck)는 도시 전경을 대중들에게 이해시키고 교육하기 위한 도구로 놀이터의 잠재적 가능성을 보았다. 특히 스칸디나비아 디자이너들로부터 영향을 받은 그는 놀이터를 도시 전경 속에 통합하고자 했다. 미국의 도시 전경 디자이너 가렛 에크보(Garrett Eckbo)와 대니얼 킬리(Daniel Kiely)는 놀이터를 예술가들이 가장 직접적으로 아이들과 소통할 수 있는 창조적인 캔버스라고 생각했다. 건축가이자 조경사였던 이사무 노구치와 건축가 루이스 칸(Louis Khan)은 놀이터를 예술품과 좋은 기물을 보여줄 수 있는 전시장으로 모색했다. 특히 루이스 칸은 어린이 놀이터에서 다양성을 찾고자 했다. 자연을 그대로 모방하지는 않지만 구조와 제작 방법을 볼 수 있는 흥미로운 공간에서 아이들이 자유로워야 한다고 생각했다.

예술가들은 단지 놀이터의 외형만을 개선하려고 한 것이 아니라, 어린이들에게 시각적이고 미적인 감수성을 주고자 했다. 예술가들은 놀이터를 지역 커뮤니티 공간이자 놀이의 공간, 예술적 창조가 연결되는 장소로 만들기를 원했다. 이러한 예술가들의 의도는 모험 놀이터에 영향을 끼치기도 하고 거꾸로 모험 놀이터 운동으로부터 영향을 받기도 했다.

놀 수 있는 조각품

1949년 스톡홀름 민중 공원 모래밭에 '놀 수 있는 조각품'이 처음으로 등장했다. 에곤 묄레르-니엘센(Egon Møller-Nielsen)이 조각한 〈투프센(Tuffsen)〉

이었다. 이 조각품은 보기만 하는 감상물이 아니었다. 아이들이 조각품 사이로 들어가거나 올라탈 수 있었다. 추상 예술이나 이념적 표현에 반대한 반엘리트주의 작품이었다. 그는 예술 작품이 누구나 즐기고 만질 수 있는 대중적인 것이기를 바랐다. 아이들의 상상 공간과 유려한 모더니즘을 혼합하고, 생활 속에 녹아 있는 실용적 예술품을 추구한 결과다. 에곤 묄레르-니엘센은 1951년에 후속작으로 달걀이란 뜻을 가진 〈에게트(Agget)〉를 만들었다. 투프센과 에게트 모두 그의 어린 딸이 동굴에 들어가서 숨거나 바위 밑으로 미끄러지며 내려오고 싶어 하던 모습을 관찰해서 만든 작품이었다.

1950년대는 본격적으로 예술계 사람들이 그의 뒤를 이어 놀이터에 주목하기 시작했다. 그 영향으로 놀이터와 공원 곳곳에 놀 수 있는 조각품들이 등장했다. 유럽에서 이러한 경향은 이후에도 지속되었다.

에곤 묄레르-니엘센이 조각한 놀 수 있는 조각품 〈투프센〉과 〈에게트〉.

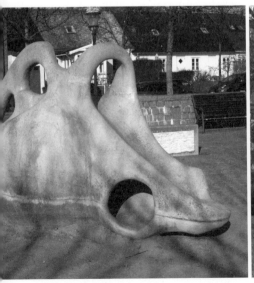

예술가들을 지원한 장난감 회사

1953년 유럽의 영향을 받은 미국의 장난감 회사 크리에이티브 플레이싱스 (Creative Playthings)는 야외 놀이 기구에도 관심을 가졌다. 창업자인 프랭크 캐플란(Frank Caplan)은 장난감이 어린이의 발전과 상상력을 자극할 수 있다고 믿는 사업가이자, 예술가, 교육자였다. 1953년 크리에이티브 플레이싱스는 플레이 스컬프처(Play Sculptures)라는 자회사를 만들었다. 이 회사를 통해 당대 유명한 조각가들과 놀 수 있는 조각품을 디자인했다. 함께한 작가들은 당시에 주목받는 건축가들과 예술가들이었다. 에곤 묄레르-니엘센, 헨리 무어(Henry Moore), 이사무 노구치, 루이스 칸, 로버트 윈스턴 (Robert Winston), 니노 비탈리(Nino Vitali)가 참여했다. 이들이 디자인한 놀이 조각품들은 미국에서 놀이터를 예술적 분위기로 바꾸는 데 큰 영향을 끼쳤다.

메트로폴리탄 미술관의 놀이 조각품들

프랭크 캐플란과 그의 장난감 회사는 예술적 놀이터를 확산시키는 데 결정적인 역할을 했다. 캐플란은 메트로폴리탄 미술관(Metropolitan Museum of Art)에서 교육 프로그램을 담당하고 있던 빅터 다미코(Victor D'Amico)와 교류하며 협력했다. 그들은 최신 놀이 조각품을 소개하는 데 앞장섰다. 메트로폴리탄 미술관은 놀이 조각 경진 대회를 크리에이티브 플레이싱스, 학부모 잡지 〈페어런츠(Parents)〉와 공동 주최했다. 〈페어런츠〉 역시 "놀이 조각은 아이들이 예술을 경험하고 아름다움과 창조적 놀이를 충분하게 탐색할 수 있을 뿐 아니라 신체적 놀이 활동을 자극한다"라며 놀이 조각품을 홍보

했다. 놀이 조각품 경진 대회는 놀이터와 예술의 연결을 공고히 했다.

메트로폴리탄 미술관의 경진 대회는 예술적 놀이 기구가 매체들로부터 크게 주목 받고, 예술계로부터 공식 인정을 받는 결정적 계기가 되었다. 이 경진 대회는 "어린이 놀이터는 현대 도시 계획의 필수적인 부분이 되어야 한다. 또한 놀이 기구의 질은 절대적으로 중요하다. 따라서 시멘트 바닥과 철망 펜스, 단지 신체 단련만을 위한 단조로운 금속 구조물을 도시 공원과 학교 운동장에서 치워야 한다"라고 선언했다. 그러면서 나무, 쇠, 콘크리트 등 다양한 재료를 사용한 추상적이고 현대적인 놀이 구조나 기구를 공적이 거나 개인 용도로 설치할 수 있도록 몇 조각의 부품과 모듈로 만들어야 한다는 규정을 세웠다. 이러한 규정은 양산과 대중적 보급을 염두에 둔 타협이었다.

1954년 첫 번째 놀이 조각품 경진 대회에 350여 개 작품이 나왔다. 1회 대회에서 28세의 화가 버지니아 도르치 도라지오(Virginia Dortch Dorazio)가 디자인한 〈환상 마을(Fantastic Village)〉이 1등상을 받았다. 〈환상 마을〉은 창문, 출입구, 등반 손잡이, 다양한 크기의 구멍이 뚫려 있는 콘크리트 벽으로 만든 여러 개의 사각형 구조물이었다. 이 사각형 구조물을 모듈처럼 다양하게 배치하거나 조합할 수 있었다. 사각형 구조물은 놀이방, 요새나 성, 등반 구조물이 될 수 있다. 이 작품은 이후 크리에이티브 플레이싱즈의 제품 카탈로그에도 소개되었다. 2등상은 뉴저지의 산업 디자이너 로버트 가르가일(Robert J. Garguile)이 디자인한 〈석회 동굴(Stalagmite Cave)〉이 받았다. 아쉽게 1등과 달리 큰 찬사를 받지도 사람들의 기억 속에 남지도 못했다. 이 작품은 그럼에도 도시 조경에 상당한 영감을 불러일으켰다. 뉴욕의

버지니아 도르치 도라지오가 디자인한 〈환상 마을〉과
시드니 고든이 디자인한 〈터널 미로〉.

건축 조각가이자 화가, UC 버틀리 미대 학장을 지낸 시드니 고든(Sidney Gordin)이 디자인한 〈터널 미로(Tunnel Mazz)〉는 3등을 수상했다. 이 작품은 이동과 재배치가 가능했고 외부는 미끄럼틀, 아래 부분은 아이들이 헤매며 기어 다닐 수 있는 터널 미로로 이용할 수 있었다. 메트로폴리탄 미술관의 경진 대회 이후 1955년까지 예술가들은 서로 앞다투어 놀이터 디자이너로 이름을 올리려 했다.

예술적 놀이 기구로 성공한 후발 주자들

1955년 조경 건축가였던 로버트 니콜스(Robert Nichols)는 크리에이티브 플레이싱스의 성공에 자극 받아 보다 추상적인 놀이 구조물을 보급하기 위해 플레이그라운드 어소시에이트(Playground Associates)를 설립했다. 예술가들이 모여서 만든 기업이었다. 로버트 니콜스는 조각가 미치 컨리프(Mitzi Cunliffe), 조경 건축가 히데오 사사키, 청년 건축가 셰퍼드 스크리브(Shephard Screibe), 에드워드 라라비 반스(Edward Larabee Barnes)와 함께 일했다. 이들은 유리섬유로 만든 돔, 특히 컨리프가 디자인한 안장 미끄럼틀(Saddle Slide)로 성공을 거두었다. 이 놀이 기구는 유리섬유틀에 콘크리트를 부어 넣은 캐스팅 콘크리트로 만들었다. 말 안장 모양에 여러 개의 구멍이 뚫린 상당한 규모의 등반 놀이 기구였는데, 이 유려한 대형 안장 위로 아이들이 올라가거나 미끄러지고 구멍 사이를 통과했다. 안장 미끄럼틀은 미국 전역에 팔렸다.

　70년대에는 폼(Form,Inc)이 뒤를 이었다. 폼은 조형적 놀이 기구 제조사였다. 폼의 짐 밀러 멜버그(Jim Miller Melberg)는 예술가이자 사업가였다. 그는 등반 놀이 기구인 DNA 클라이머(DNA Climber)와 같은 수많은 예술적 놀이 기구들을 직접 디자인하고 대량 생산했다. 그가 만든 놀이 조각품 중 하나인 문 하우스(Moon House)는 개발 기간만 거의 2년이었다. 1970년 3월 캘리포니아주 애너하임에서 열린 '캘리포니아 태평양 남서부 레크리에이션 파크 회의'에서 문 하우스를 소개했다. 문 하우스는 달 여행을 상상하는

플레이그라운드 어소시에이트가 출시한 '안장 미끄럼틀'과
짐 밀러 멜버그가 디자인한 등반 놀이 기구 'DNA 클라이머'.

아이들을 위한 놀이 기구였다. 문 하우스는 철근 강화 캐스팅 콘크리트로 만들었는데, 무게만 5,520파운드이며 폭 약 8피트, 길이 8피트, 높이 6피트였다.

새로운 재료, 너무도 예술적인 놀이 기구들

새로운 재료는 디자이너들을 자극했다. 혁신적인 디자이너들은 알루미늄, 철, 콘크리트, 폴리에스테르, 섬유강화플라스틱(FRP) 등 다양한 재료를 이용해서 예술적 놀이 기구를 제작했다. 특히 FRP는 1960년대 후반부터 놀이 기구의 주재료로 본격적으로 쓰였다. FRP는 색상, 방수, 내구성 등 많은 이점을 갖고 있었다. 펩시콜라와 국립레크리에이션공원협회의 지원을 받아 맨해튼의 디자이너 제리 리버만(Jerry Lieberman)은 FRP로만 만든 효율적이고 경제적인 놀이 기구 개발에 2년 동안 매진했다. 그는 1966년 FRP 모듈로 만든 플레이 빌리지(Play Village)를 맨해튼 59번가 파크 애비뉴 펩시 사무실 현관에 임시 설치했다. 이 놀이터는 지름이 큰 원형 튜브와 대형 상자 모듈을 서로 다른 높이로 세워 올렸다. 아이들은 서로 다른 높이의 튜브를 거쳐서 상자 안으로 올라갈 수 있었다. 공간 탐색이 가능한 건축적인 등반 놀이 기구였다. 모듈식 구성은 창조성과 재사용성, 배치 변화, 양산 가능성을 모두 만족시키기 위한 타협이자 도전이었다. 펩시콜라가 지원한 다른 놀이 기구는 놀이 탱크였다. 대형 프라스틱 통의 앞과 뒤, 측면에 여러 개의 구멍을 낸 단순한 형태였지만, 혈거인의 후예인 아이들은 그 어떤 곳보다 이 놀이 공간을 즐겼다.

1968년 프랑스의 노호프 루지키(Group Ludic)도 FRP 모듈을 이용한 실험적인 놀이 공간 조성 프로젝트를 진행했다. 루지키에 참여한 회원들은 건축가, 조경가, 조각가 들이었다. 루지키는 건축적이고 조형적인 놀이 기구를 디자인했다. 루지키의 특징은 아이들이 참여하는 설계, 모듈화, 그룹화이다. 아이들이 상상하며 놀 수 있는 놀이 구조를 큐브, 원통, 구, 피라미드 등 기본 도형을 다양하게 변주해 만들었다. 각각의 구성 요소들을 색상, 크기, 질감에 있어 독특한 구성으로 배열하고 열린 공간과 닫힌 공간으로 만들었다. 기본 도형 모듈에 그물 통로와 사다리, 미끄럼틀을 붙여 아이들이 이동할 수 있도록 했다. 아이들이 추상적 도형 공간 속에서 더 이상을 상상할 수 있도록 여지를 남겨두었다.

펩시콜라가 협찬한 플레이 빌리지(우상),
프라스틱 가스통으로 만든 펩시 놀이 공간(우하, 좌)

1950~1970년대는 이처럼 놀이터 분야에서 예술가들의 전성기였다. 새로운 조형, 새로운 재료, 새로운 접근은 놀 수 있는 조각품들과 놀이 기구들을 만들어냈다. 지나친 상업화와 획일화의 파고에 밀려 잠시 놀이터에서 사라진 듯했던 예술적인 흐름은 놀이 활동 프로그램 속으로 잠복했다가 2010년대 들어 다시 등장하고 있다. 반면 우리 주변의 놀이터는 놀이터 역사에 등장한 이러한 흐름과 거리가 멀다. 어떻게 우리 주변의 놀이터도 아름다움과 예술적 경험이 가능한 공간으로 바꿀 수 있을까? 어떻게 디자이너와 예술가들이 만든 아름다운 작품과 놀이 구조 속에서 자신들의 상상을 채우며 뛰놀게 할 수 있을까?

노호프 루지키가 디자인한 '죽마 위의 구'(1968).

7

공간 탐색 본능을
자극하라

인간에게 공간 탐색 본능이 없었다면 어떻게 되었을까? 인류는 진즉 멸종했을 것이다. 우리의 오랜 조상들에게 공간 탐색은 생존에 절대적이었을 것이다. 그들은 밤마다 숲속의 맹수들을 피해 안전하게 하룻밤을 지낼 장소를 찾아야 했다. 새로운 사냥감이나 신선한 과일이 풍부한 서식지를 발견해야만 살아갈 수 있었다. 지형을 익히고 경로를 파악할 수 있어야만 밀림을 헤매다가도 동족들이 있는 거주지로 돌아갈 수 있었다. 사냥감과 먹거리, 신선한 물이 풍부한 땅을 향해 익숙했던 경계를 넘어 유랑했을 것이다. 그런 경험들이 세대와 세대를 거치며 깊숙이 인간의 본능으로 자리 잡았을 것이다.

여행은 지금 여기가 아닌 다른 곳으로 떠나는 탐색이다. 여행의 본질이 무엇일까? 무엇보다 낯선 지형과 이국적인 건축물이 차지한 공간에서의 색다른 먹거리 찾기로 볼 수 있다. 여행은 현대 문명 사회를 살아가는 우리들 속에 내재한 공간 탐색 본능의 발현일지 모른다. 세상에 태어난 아이들에게 세상은 온통 탐색해야 할 공간 그 자체이다. 그 어떤 시기보다 예민한 더듬이를 세우고 아이들은 때로 설레며, 때로 주저하며, 대부분은 주체할 수 없는 호기심으로 희열을 느끼며 세상을 탐색한다. 장롱 속과 침대 밑은 아이들이 집 안에서 시작하는 공간 탐색 여행지다. 아이들은 자라면서 마을의 골목을 탐색하고, 점점 더 큰 세상을 향해 나아간다. 놀이의 역사에서 선구자들은 공간 탐색 본능과 유랑의 오랜 기억에 주목하고 전진 놀이와 장애물 길놀이를 개발해왔다. 그리고 건축가들은 아이들의 공간 탐색 본능을 자극하는 건축적인 놀이터를 만들었다.

브루탈리즘의 영향

브루탈리즘(Brutalism)은 1960년대 초반부터 놀이터에 영향을 끼치기 시작했다. 브루탈리즘은 르 코르뷔지에(Le Corbusier)의 영향을 받아 1950년대 중반부터 전후 영국에서 나타났다. 전쟁의 트라우마에서 벗어나지 못한 이들은 결코 그 어떤 힘에도 무너지지 않을 견고함을 추구했다. 그것은 일종의 자가 치유였을지도 모른다. 브루탈리즘은 전통 건축의 우아함과 달리 거칠고 비정하고 야수적인 조형미를 강조했다. 브루탈리즘은 가공하지 않은 재료를 그대로 사용하고 노출 콘크리트를 광범위하게 적용했다. 가려져 있던 설비와 구조를 그대로 드러냈다.

놀이터 역시 시대의 상처로부터 자유롭지 않았다. 브루탈리스트들은 대규모 주택 프로젝트의 일부로 놀이터를 만들면서 자신들의 사조에 충실했다. 이들이 만든 놀이터는 이전의 놀이터 디자인과는 완전히 다른 건축물이자 집합 주택의 조형물이었다. 1956년 런던의 처치 힐 가든(Church hill Gardens) 놀이터는 콘크리트 기둥들로 이루어진 계단과 '날아가는 접시'라

불린 경사진 콘크리트 원반을 만들었다. 주변의 모래밭을 포함한 다른 놀이 시설들도 건축물의 기초와 공장, 공장의 굴뚝을 연상시켰다.

1962년 영국 셰필드의 파크 힐(Park Hill)의 놀이터에는 콘크리트 벽으로 만든 미로, 숨을 수 있는 콘크리트 상자와 계단이 있었다. 대다수 브루탈리즘 놀이터에는 다각형, 경사로, 구멍 뚫린 벽이 있었다. 어린이들은 콘크리트 구조물 위에서 무릎을 꿇고 손을 잡아 올리는 등 격한 신체 접촉을 통해 어른들보다 더 거친 육체 활동을 경험했다. 그러나 대부분 콘크리트를 주재료로 사용했으므로 아이들이 놀기에는 부적합하다는 평가를 받았다. 그 결과 대다수 브루탈리즘 놀이터들은 점차 철거되었다.

그러다 반전이 일어났다. 2015년 왕립영국건축연구소 주최로 브루탈리즘 놀이 기구를 재현해서 현대적으로 재해석하는 대대적인 전시와 포럼을 열었다. 이 행사 기간 동안 안전하게 구조물을 받친 부드러운 색상의 폼으로 재현한 브루탈리즘 놀이 기구들이 전시되었다.

런던 처치 힐 공원의 브루탈리즘 놀이터. 건축물의 기초와 공장이 떠오른다.

연속적으로 연결한 조합 놀이터

1960~1970년대 뉴욕의 도시 개발 붐은 놀이터에도 영향을 끼쳤다. 건축을 닮은 놀이터가 등장했다. 로버트 모시스가 만든 획일적인 놀이터에 대한 비판과, 아이들이 더 이상 찾지 않게 된 수많은 놀이터에 대한 해결책을 모색하던 때였다. 대안이 필요했다. 4S로 대변되는 균질적인 놀이터의 대안으로 건축물처럼 만든 탐색 가능한 복잡한 공간이 떠오르기 시작했다. 미국의 건축가이자 조경가인 폴 프리드버그(M. Paul Friedberg)와 리처드 다트너(Richard Dattner)는 1960년대 중반부터 불기 시작한 건축적 놀이터의 선구

제이콥 리스 하우스에 만든
폴 프리드버그의 건축적 조합 놀이터(1965).

자들이었다. 이들은 조형과 기하를 미학적으로 놀이터에 끌어들인 이사무 노구치로부터 영감을 얻었다. 하지만 이들은 성장기 아이들의 심리적, 신체적 필요를 조사한 뒤 지나치게 미적인 요소는 줄이고 보다 모험적인 요소를 강화했다. 다트너는 "이미 여러 번 극복해서 익숙해져버린 도전 과제만 제공하는 놀이 환경은 결코 새로운 학습을 일으키지 않는다"라고 지적했다. 프리드버그와 다트너는 그네, 시소, 미끄럼틀처럼 이미 놀이 방법이 지시되어 있고, 분리 배치된 단품 놀이 기구 대신 "연속적으로 연결한" 조합 놀이터를 제안했다. 프리드버그는 놀이 공간으로의 진입 지점, 놀이터 안에서의 이동 등 다양한 놀이의 선택지가 중요하다고 강조했다. 그들은 놀이터가 복잡할수록 놀이 선택의 폭이 넓어지고 그 만큼 학습 경험도 풍부해진다고 주장했다.

1966년 프리드버그는 뉴욕 빈민가인 동부 저지대에 있던 제이콥 리스가 주도한 노동자 집합 주택의 일부로 건축적 조합 놀이터를 만들었다. 놀이터 역사에서 혁신은 종종 노동자들과 빈민들의 주택가에서 시작되었다. 이 놀이터는 화강암으로 만든 이글루, 터널, 사다리, 목재 구조물, 피라미드, 미로, 밧줄 놀이 기구가 있는 모든 연령대를 위한 놀이 공간이었다. 프리드버그는 이곳에서 어린이가 산, 터널, 나무 집 등 주변 지역에서 접할 수 있는 비슷한 경험들을 조합한 놀이 공간을 구성했다. 1968년에는 뷰캐넌 (Buchanan) 학교 운동장에 복잡하게 서로 연결한 조합 놀이터를 만들었다. 이 놀이터는 콘크리트 블록 사이에 걸친 나무 다리, 타워, 그네, 강선 밧줄 정글짐, 나무 기둥 여러 개를 세워 만든 다단 경사 등반 시설, 도르래가 달린 놀이 기구, 트램펄린, 화강암 자갈 언덕 등이 모래밭 위에 서로 복잡하게 연결되었다.

우리 주변의 놀이터에서 놀이와 놀이 경로의 선택이 가능한 복잡하게 연결된 놀이 환경은 좀처럼 찾기 어렵다. 조합 놀이 기구는 양산의 필요와 비용에 맞춰 조잡해졌다. 만약 프리드버그가 우리 주변의 조합 놀이 기구를 보았다면 분명 놀이 환경의 타락이라고 비판할 것이다.

프리드버그는 주머니 놀이터(Vest Pocket Playground)를 제안하기도 했다. 노동자 거주 지역 빈민가의 쓰레기가 가득 찬 공터나 짜투리 땅을 틈새 놀이터로 바꾸어 놓을 대안이었다. 유럽에서 불고 있던 잡동사니 놀이터의 영향을 받은 그는 드럼통, 폐목, 밧줄, 호스 등 다양한 폐기물을 활용했다. 그는 "놀이는 어린이의 작품이고, 세계는 실험실이고, 아이들은 과학자이다. 놀이는 아이들이 자신과 세계의 관계를 탐구하는 연구이다"라고 생각했다. 그는 주머니 공원을 만들면서 조립 해체가 가능한 모듈식 놀이 기구를 설계했다. 모듈식 놀이 기구는 설치를 위해 땅을 파고 기초를 만들 필요가 없었다. 원하는 곳 어디에나 배치할 수 있었다. 놀이 기구 요소를 조정하고 조절할 수 있는 가변적인 구조물로서 끊임없이 바꿀 수 있었다.

고대 건축을 닮은 모험 놀이터

건축적 놀이터의 또 다른 선구자 리처드 다트너는 1967년 뉴욕 맨해튼 웨스트 81번가 인근의 센트럴 파크에 획기적인 고대 건축 모험 놀이터를 만들었다. 다트너는 이집트 고대 건축을 모델로 삼았다. 그는 무엇보다 아이들이 스스로 즉흥적인 놀이를 만들 수 있도록 유도하는 공간을 만들고자 했다. 아이들이 마치 자신만의 세계로 들어가는 것처럼 미로를 산책할 수 있도록 기획한 건축적 모험 공간이었다. 건축가였던 그는 센트럴 파크 놀이 터를 디자인할 당시 브루탈리즘과 유럽의 모험 놀이터에서 영향을 받았다. 다트너는 획일적인 놀이터를 반대했지만, 이사무 노구치가 제안한 너무 지 나친 예술적 놀이터에도 반감을 갖고 있었다. 그는 모험 놀이터를 당시 개 발 붐이 일고 있던 뉴욕에서 쉽게 구할 수 있는 돌, 벽돌, 모래, 콘크리트, 전 신주, 나무, 밧줄, 철근 등 폐건축자재와 비교적 값싼 재료로 만들었다.

그가 만든 놀이터에는 피라미드, 오벨리스크 등 고대 건축 형태의 놀이 공간과 위험스러운 놀이 기구들이 들어섰다. 놀이터에는 조용히 쉴 곳, 동 산, 계단식 나무 마루, 나무 집, 조약돌로 장식한 화산, 동심원의 벽으로 구 성한 분화구, 밧줄 다리, 아즈텍 수로 및 터널이 있었다. 아이들은 오르고 내 리고 여기저기로 돌아다닐 여러 경로가 있었다. 원래 계단 피라미드에는 놀 이 활동가가 나눠준 건축 재료와 예술 재료가 들어 있었다. 이곳에서 아이

뉴욕 맨해튼 센트럴 파크에 다트너가 디자인한 건축적 모험 놀이터.

들은 마음대로 재료들을 재배열하며 건축 놀이에 도전할 수 있었다. 다트너는 어른들이 만든 놀이터는 아이들이 스스로 디자인한 놀이터의 차선책이라고 생각했다. 아이들은 자신의 장소를 스스로 만들 수 있는 가능성을 갖고 있다고 여겼다. 또한 그는 놀이터에 대해 "아이들이 놀 수 있는 장소는 세계의 다른 곳과 분리되어 있는 일종의 마술 동그라미이며, 시간은 우리의 시간에 따라 측정할 수 없다"라고 말했다.

불행히도 안전에 대한 두려움 때문에 예술가들이 만든 놀이터들은 오래가지 못했다. 결국 대부분의 놀이터는 책임 보험에 가입한 대량 생산된 놀이 구조로 바뀌었다. 프리드버그는 "텔레비전이 전자 유모가 되는 것처럼 기존 놀이 시설도 멋진 회색 유모차가 되어 어린이를 감금하고 경험과 개입으로부터 차단한다"라고 비판했다. 다행히 다트너의 고대 건축 모험 놀이터는 위험하다는 논란에도 불구하고 현대 놀이터 안전 규정에 맞춰 위험 요소들을 조금 완화한 형태로 2015년 재개장했다.

사이프레스 힐의 숨을 수 있는 놀이터

1967년 뉴욕에 또 다른 건축적 놀이터가 등장했다. 뉴욕 시 주택국과 메트로폴리탄 미술관은 공원협회와 함께 사이프레스 힐(Cypress Hills)의 고층 주택 정원에 실험용 놀이터를 개장했다. 찰스 폴버그(Charles Forberg)는 명확하게 건축적 놀이 공간임을 드러내는 놀이터를 디자인했다. 3~8세 어린이를 대상으로 한 놀이터였는데, 콘크리트처럼 "부서지지 않는 재료"로 만들었다. 이 놀이터는 아이들의 활동을 촉진하기 위해 설계되었다. 아이들이 숨거나 달리거나 오를 수 있고, 놀이를 상상하고 구성할 수 있는 다양한 유형의 공간을 제공한다. 놀이터에는 2미터가 넘는 폭이 조금씩 다른 콘크리트 평판을 수직으로 세운 콘크리트 숲, 나선형 계단, 경사면이 있는 탑, 낮은 경사로와 분수대로 둘러싸인 오를 수 있는 반으로 가른 관 구조물들을 세웠다. 콘크리트 숲은 아이들이 숨거나 헤맬 수 있는 미로였다. 이 놀이터는 아이들이 본격적으로 건축적 체험을 할 수 있는 지름이 대략 30미터나 되는 공간이었다. 놀이터는 도시의 전경일 뿐 아니라 아이들에게 딱 맞는 상상의 도시이자 건축적 공간이었다. 아이들은 한 발 물러서서 놀이터를 도시 전경이나 예술품으로 감상할 수 있고, 건축가가 되어 공간을 관찰하거나 탐색하고 구상할 수 있다는 점을 찰스 폴버그를 비롯한 당시의 건축적 놀이터의 선구자들은 잘 이해하고 있었다. 하지만 이러한 놀이터에 대한 통찰은 규제가 강화되면서 무시되기 일쑤였다. 무엇보다 사이프레스 힐 놀이터의 놀이 기구는 부모가 아이를 감시할 수 없다는 이유로 일반적인 놀이 기구들로 바뀌었다. 하지만 귄터 벨치히(Gunter Beltzig) 같은 놀이터 전문가들은 부모들의 시선에서 벗어나 숨을 수 있는 놀이 공간이 놀이터에 있어야 한다는 점을 강조하고 있다.

뉴욕 브루클린 사이프레스 힐 주택에 세운 건축적 놀이터.
찰스 폴버그가 디자인했다.

일본 놀이터 건축에서 이 사람을 빼놓을 수 없다. 건축가인 미츠루 센다는 이사무 노구치의 영향을 받았다. 그는 1965년 요코하마 국립어린이랜드 놀이터 프로젝트에 참여했고, 1968년 도쿄환경디자인연구소를 설립했다. 이후 이치노다이 유치원, 가치가와 유치원, 나나오 브릿지 플레이 구조, 나고야 어린이 플레이파크 '웨이 웨이 플라자', 센다이 공원의 '자이언트 경로 플레이 구조', 무코야마 어린이 놀이터 등 수많은 놀이터 프로젝트를 진행했다. 미츠루 센다는 도시에서 아이들이 마음껏 놀 수 있는 공간이 점점 사라지고 있다는 점에 주목했다. 그는 아이들이 달리고 숨을 수 있는 원형 경기장 같은 놀이 공간을 만드는 데 주력했다. 그는 원형 경기장 같은 순환 구조 안에 "재미"와 "흥분"을 일으키는 공간, "아이 자신의 공간, 즉 상상을 일으키게 하고 숨을 수 있는 공간", "닫힌 공간"과 아이들이 모이는 "열린 공간"의 연결과 단절, 조화와 변주가 있는 놀이 공간을 만들고자 했다. 그는 아이들의 놀이 활동을 관찰한 뒤 원형의 순환 경로 속에서 놀이 요소가 발전한다고 생각했다. 미츠루 센다는 원형의 순환 놀이 경로 속에 상징적으로 가장 높은 곳, 지속성 또는 안전성을 순간적으로 파괴하는 아찔하고 짜릿한 현기증을 느낄 수 있는 공간을 만들고자 했다. 또한 순환 경로에는 복도, 계단 등 다른 곳으로 이어지거나 순환 경로에서 빠져나갈 수 있는 다공성의 통로들을 만들었다. 무엇보다 그는 건축과 놀이터의 경계를 허무는 건축적 사유를 펼쳤다.

일본 놀이터의 혁신은 뒤이어 타카하루와 유이 테즈카로 이어졌다. 이들은 도넛같이 생긴 지붕 위를 달리며 놀 수 있는 도쿄의 후지 유치원을 만들었다.

미국과 일본은 획일적인 놀이터에 대한 대응과 혁신을 일찍부터 시작했다. 그러한 대응 가운데 아이들의 공간 본능과 놀이의 관계를 통찰한 건축적 놀이터들이 있었다. 잠시 건축적 놀이 공간들은 곳곳에서 철거되고 잊히는 듯했다. 다행히 외국에서 최근 단품 놀이 기구의 단순 배치를 지양하고 다양한 놀이 경험을 연결한 건축적 놀이 공간들이 다시 늘고 있다. 일본을 거쳐 미국의 4S 놀이터를 수입한 한국은 이제야 뒤늦게 문제의식을 갖기 시작했다. 변화는 더디고 대다수 놀이터들은 과거로부터 벗어나지 못했다. 우리 주변의 놀이터들은 아이들이 충분한 기대와 설렘을 갖고 탐색하기에는 너무 단순하고 획일적이다. 놀이터를 바꾸는 데 더 이상 주저하지 말아야 한다. 아이들은 끊임없이 새로운 공간을 갈망하고 상상한다. 아이들은 탐색하며 기쁨과 즐거움을 느낄 충분한 준비가 되어 있다. 만약 우리가 인간에게 내재된 공간 본능을 인정한다면 아이들에게 탐색할 공간을 마련해 주어야 한다. 이동과 전진, 그리고 공간을 탐색하는 데 필요한 체력을 키우고 감각과 기술을 익힐 기회를 제공해야 한다.

8

테마파크와
우주 경쟁의 시대

1950~1970년대는 상상으로 구현한 서사적인 놀이터의 전성기였다. 당시의 놀이터는 인기 만화나 영화, 드라마, 동화에 등장하는 인물과 동물, 성과 요새, 비행기, 범선 모양의 구조물에 다양한 놀이 기구를 연결하거나 결합한 형태였다. 놀이터는 화려한 색상과 디자인으로 아이들의 상상력을 자극하고 유혹했다. 모두 규모가 컸다. 전후 베이비부머들이 태어나면서 놀이 산업은 황금알을 낳는 거위가 되었다. 놀이터에 자본 투자가 러시를 이루며 곳곳에 상업적인 테마파크를 만들기 시작했다. 한편 전후 미국과 소련 사이의 팽팽한 냉전은 놀이터에도 영향을 끼쳤다. 놀이터의 판타지 목록에 우주 탐험이 추가된 것이다.

최초의 테마파크 놀이터

만화 주인공은 아이들에게 치명적이다. 1956년 캘리포니아주 몬터레이의 엘 에스테로(El Estero) 공원에 미국 최초의 시립 테마파크 놀이터가 등장했다. 당시 인기리에 연재되던 만화 캐릭터 데니스(Dennis the Menace)를 콘셉트로 한 테마파크였다. 이 놀이터는 가까이에 살고 있던 데니스의 작가인 행크 케첨(Hank Ketcham)의 기부로 시작되었다. 몬터레이 지역 청년상공회의소 회원들도 놀이터 공사에 자원해 상당한 노동력을 제공했다.

당시 가장 주목을 받았던 놀이 시설은 죽음의 회전 크레인(The spinning crane of death)이었다. 지금은 테마파크에서 상당히 스릴 있었던 놀이 기구들은 사라지고 없다. 하지만 데니스 테마파크의 인기는 여전하다. 테마파크의 팬 페이스북이 있을 정도다. 놀이터 역사에서 데니스 테마파크 놀이터를 기억해야 하는 까닭은 이 놀이터가 1960년대부터 본격적으로 확산된 테마파크 시대를 여는 신호탄이었기 때문이다. 게다가 이곳은 다른 곳들과 달리 기부로 만든 무료 입장 테마파크였다. 데니스 테마파크는 거듭된 리모델링과 재개장에도 불구하고 데니스 캐릭터를 지금까지 유지하고 있다.

국내 최초의 테마파크는 1988년 경기도 과천에 서울시가 서울대공원의 일부로 세운 서울랜드이다. 그 동안 서울시에 서울랜드를 조성해서 기부 체

데니스 테마파크 놀이터에 있는 죽음의 회전 크레인.

납한 서울랜드라는 민간 기업이 위탁 운영해왔다. 이곳은 인기 소설《아라비안 나이트》분위기로 공간을 조성하고, 아롱이 다롱이를 캐릭터로 내세웠다. 이후에는 다양한 애니메이션 캐릭터들을 계속 추가했다. 아쉽게 시설 노후와 위탁 사업자와의 소송, 계약 종료 등을 이유로 철거가 예정되어 있다. 당초 서울시는 비전력 놀이 기구로 채운 친환경 생태 공원으로 재개장한다는 계획을 세웠지만, 당초 계획을 축소해 현재 일부 부지만 친환경 생태 공원으로 조성하는 새 계획을 확정했다.

우주 경쟁의 시대와 로켓 놀이터

1960년에 미국과 소련 사이에 우주 경쟁이 벌어졌다. 강대국 간의 경쟁은 사람들에게 별과 달을 개척하는 열망을 갖게 했다. 심지어 자신이 살고 있는 지역 밖으로 한 번도 나가보지 못한 사람들조차 어쩌면 달에 가서 살게 될지도 모른다는 판타지를 갖게 되었다. 하지만 종종 판타지는 무시 못 할 사회적 영향력을 발휘했다. 콜로라도의 볼더 시는 1962년 머큐리 우주 탐사 프로젝트에 참여했던 지역 출신 우주 비행사 스콧 카펜터(Scott Carpenter)를 기념하는 공원을 만들었다. 스콧 카펜터는 미국에서 두 번째로 지구 궤도를 운행한 유명 인사였다.

하지만 볼더 시는 다른 도시들처럼 그를 기념하기 위해 인물 조각상을 세우지는 않았다. 현명하게도 우주 비행선을 쏘아 올릴 때 사용한 로켓 형상의 놀이 기구와 편하게 쉴 수 있는 시설이 있는 소박한 테마파크를 만들었다. 이곳엔 놀이터 외에도 야외 수영장, 공 놀이터, 휴게소, 스케이트장, 자전거 전용 도로 등 다양한 시설이 있다. 로켓 놀이 기구는 철제로 만든 로켓 형상의 다층 구조물로서 다른 층으로 이동할 수 있는 사다리가 안에 있었다. 아이들은 이 속에서 우주 여행을 상상했다. 이후 놀이 기구의 발전에 따라 밧줄 놀이 기구, 관통형 미끄럼틀, 나선형 미끄럼틀 등 새로운 놀이 구조물을 결합했다.

스콧 카펜터즈 파크의 로켓 형상 놀이 기구.

스타 트렉 우주선 놀이터

1970년 미시간주의 작은 지역인 리치필드에도 우주선 테마의 놀이 기구가 등장했다. 게임 타임(Game Time)이란 회사는 1964년부터 촬영을 시작한 인기 드라마 〈스타 트렉(Star Trek)〉을 테마로 한 거대한 우주 여행선 형태의 복합 놀이 구조를 만들었다. 약 4미터 높이에 길이만 해도 10미터. 이 우주선 모양의 놀이 구조에는 미끄럼틀, 등반 사다리, 수직 하강 철봉 등이 붙어 있었다. 〈스타 트렉〉에 열광하던 아이들은 드라마 속의 장면과 사건을 상상하며 이 놀이터 안으로 빨려 들어가 상상 속의 우주 비행사가 되었다.

게임 타임이 만든 또 다른 우주 콘셉트의 놀이 기구는 마크 IV 위성 타워였다. 이 놀이 기구는 아이들에게 놀이터라는 신호를 주기 위해 34종이나 되는 다양하고 화려한 색상을 사용했다. 마크 IV에 부착한 파도형 미끄럼틀은 짜릿한 재미를 주는 놀이 기구였다. 길이가 6미터나 되었다. 다른 미끄

〈스타 트렉〉을 테마로 게임 타임이 만든 스페이스 크루저(Space Cruiser).

럼틀은 나선형과 일반적인 형태였다. 이 중 하나는 이후 관통형으로 바뀌었다. 위성 타워는 3미터 높이의 이중 데크 구조로서 안에 사다리가 있었고, 층과 층 사이 구멍을 통해 오르내리도록 되어 있었다. 몇 개의 타워 구조물들은 철 계단으로 연결한 입체 형태를 띠고 있었다.

남거나 버려진 로켓 놀이터

우주 경쟁 시대에 만든 우주선이나 로켓 모양의 놀이 기구 가운데 몇몇은 지금도 놀이터에 서 있다. 로켓이나 우주선 놀이터에 대한 추억을 지닌 사람들의 보존 노력 때문이었다. 1970년대 미라클(Miracle) 사가 세운 드 모인 파크(De Moine Park)의 아스토르 시티(Astro City)도 그 중 하나다. 하지만 우주 시대의 많은 놀이터들은 노후화, 위험, 안전 규제를 이유로 사라졌다.

우주 경쟁 시대에 만든 모스크바의 로켓 형태 놀이 기구.

1962년 콜로라도에 로켓 모양의 대형 놀이 기구를 만든 뒤 미국, 소련은 물론 한국을 포함한 전 세계 국가들에서 로켓이나 우주선 모양의 놀이 구조들을 세웠다. 그러나 냉전이 종식되면서 우주 경쟁과 우주에 대한 판타지도 사그라들었다. 우주 탐험을 꿈꾸던 놀이 구조들은 사라졌다. 우주 시대 놀이터를 기억하는 아이반 미카힐로프(Ivan Mikahilov)는 〈칼버트 저널〉에 쓴 기고문에서 당시를 이렇게 회고하고 있다.

당시 도시는 거대한 우주 박물관 같았습니다. 모스크바 곳곳에 약 40개 정도의 로켓 모양을 한 놀이 시설들이 세워졌습니다. 그런 놀이 시설들은 대개 소비에트 연방 만큼이나 오래되었습니다. 로켓이 인류의 성취와 우주를 향한 열망을 상징하던 때가 있었습니다. 그때 최초로 지구 위성이 발사되었고, 첫 우주 비행사들은 스타가 되었고, 사람들은 달 표면에 도시를 건설하는 꿈을 꾸었습니다. 로켓 놀이 시설은 이제 덤불 한가운데 녹슨 유적이 되었습니다. 낮에는 어린이들이 여전히 그 근처에서 놀지만, 밤에는 마약 중독자들과 알코올 중독자들이 그곳을 차지합니다.

우주 시대의 놀이 시설들이 보여주는 것은 놀이터 역시 그 시대의 희망과 욕망, 정신을 반영한다는 점이다. 현재 한국 도시 곳곳에 있는 놀이터들은 대부분 군사주의, 산업화 시대, 개발 시대의 정신과 욕망을 담고 있다. 지금 우리 사회는 이 시대의 어떠한 욕망과 희망, 정신을 반영해서 놀이터를 디자인하고 만들어갈 것인가? 또한 사라져 가는 놀이터를 추억하고 보존해야 할 가치로 볼 수 있는 시민 의식을 기대하기는 아직 이른 걸까? 안타깝게도 내가 어릴 적 다니던 교회 마당에 세워져 있던 로켓 모양의 놀이터는 지금 그 어느 곳에서도 찾아볼 수 없다.

지역의 유산이 된 놀이터

인기 만화 캐릭터와 우주를 향한 열망 속에서 시작한 1960년대 놀이터는 이제 테마파크의 시대로 진입했다. 테마파크의 시대를 연 주인공 가운데 한 사람은 벵하민 도밍게스(Benjamin Dominguez)다. 1965년 멕시코 시 동물원에서 일하다 미국으로 이주한 멕시코 출신 예술가였다. 그는 캘리포니아의 산 가브리엘 시에 콘크리트로 굉장히 큰 수생 동물 콘셉트의 라 라구나(La Laguna)라는 테마 놀이터를 만들었다. 이 놀이터를 만들기 전 도밍게스는 이미 비버리 힐스, 라스베이거스 등 여러 도시에 다양한 색상과 형상의 콘크리트 조형 놀이 기구를 만든 이 분야의 선구자였다. 그는 당시 놀이터에 영향을 끼친 멕시코풍 문화와 예술적 비전을 놀이터에 혼합했다. 독특한 수생 동물 모양과 등반 모험을 결합한 콘크리트 놀이터는 인기가 있었다. 라 라구나는 그의 마지막이자 가장 유명한 놀이터로 그 인기가 지금까지 이어지고 있다. 야후가 선정한 미국의 멋진 놀이터 아홉 곳 가운데 하나다. 지금은 몬스터 파크로 불리는데, 모래로 가득한 석호에는 불가사리, 문어, 돌고래, 달팽이, 악어와 용 등 다양한 형상의 14개 콘크리트 놀이 기구들이 건재하다. 2006년엔 라 라구나의 친구들(Friends of La Laguna)이라는 조직을 만들어 놀이터 보존을 위한 모금 활동과 노력을 계속하고 있다. 2009년 이 놀이터는 이례적으로 캘리포니아 역사 박물관에 등록되었고, 산 가브리엘 시의 명물이 되었다.

이렇게 예술가의 창조적 도전과 추억의 장소가 갖는 가치를 이해하고 보존하려는 이들의 노력으로 놀이터는 지역의 유산이 되고 있다. 시간의 흔적을 너무도 싶게 개발 이익으로 대체하기 위해 철거해버리는 우리 사회에서 앞으로 놀이터를 누가 지역의 유적이 될 만한 곳으로 디자인하고 보존해나갈 수 있을까?

거대 깡통 로봇 놀이터

1970년대에는 만화 캐릭터를 놀이 기구 콘셉트로 자주 이용했다. 1975년 미라클 사와 재미슨 사는 자이겐타(Giganta)라는 깡통 로봇 모양의 거대한 놀이 기구를 라 시에네 가와 LA 올림픽 공원에 설치했다. 자이겐타는 당시 유명 만화에 등장하는 거인 여성 캐릭터였다. 자이겐타는 평상시에는 작지만 거인처럼 커지면서 초인적인 힘과 능력을 발휘하는 악당이다. 윌리엄 몰턴 마스턴(William Moulton Marston)의 만화 〈원더우먼〉 시리즈 9편에 원더우먼의 적수로 처음 등장했다. 자이겐타 깡통 로봇 놀이 기구는 재미를 자동으로 만들어내는 놀이 기계였다. 자이겐타는 6미터 정도 높이의 3층 구조물이었다. 아이들은 3층의 로봇 머리 위에서 짜릿함을 느낄 수 있었다. 2층에는 2개의 로봇 팔처럼 내민 관통형 미끄럼틀이 연결되어 있었다. 아이들이 만화 속 거인 캐릭터와 거대한 깡통 로봇 놀이 기구를 일치시키기에는 생김새가 너무 달랐다. 하지만 아이들은 이 거대 놀이 기구에서 놀기 위해 구름처럼 몰려들었다.

1980년대로 들어서면서 놀이터는 보험료를 올리고자 하는 보험 회사들과 소송에 나선 법률가들이 장악하기 시작했다. 여기에 관료들은 위험 사고에 대비한다는 명목으로 놀이터 규제와 제도를 강화하며 놀이터에서 위험 요소들을 없애기 시작했다. 1960~1970년대에 만든 창조적이고 예술적인, 그리고 아이들을 상상과 즐거움으로 이끌었던 서사적인 놀이 기구들과 테마파크를 차지하던 상상력 넘치는 놀이 기구들, 우주 여행을 꿈꾸던 로켓 놀이터들이 점점 주변에서 사라지기 시작했다. 시민들과 예술가들 역시 점점 놀이터의 건설자에서 소비자로 바뀌었다.

놀이터에서도 정반합의 변증법적 발전이 전개되는 듯하다. 21세기에 들어서면서 과도한 안전 규제와 놀이터에서 위험 제거가 오히려 문제라는 인

〈원더우먼〉 만화 시리즈에 등장하는
거인 캐릭터를 콘셉트로 만든 자이겐타 깡통 로봇 놀이 기구.

식이 커져갔다. 아이들이 밖에서 놀면서 경이를 체험하고 물리적인 실제 세계의 놀이터에서 꿈 꿀 필요가 있다는 주장들이 커지기 시작했다. 비록 디지털과 인터넷 기술의 발달로 가상의 판타지 게임들이 강력한 힘으로 아이들을 유혹하고 있지만, 실제의 세계를 경험하고 탐색할 기회를 제공하는 것은 꼭 필요하다. 이러한 주장에 힘입어 아이들을 실제의 세계로 다시 돌아오게 하려는 노력들이 늘어나고 있다. 아이들을 유혹할 매력적인 놀이터를 다시 만들려는 놀이터 운동이 점점 세력을 얻어가며 북유럽을 중심으로 혁신적이고 창조적인, 그리고 서사적인 놀이터들이 다시 등장하기 시작했다. 그 흐름에 우리도 참여할 수 있기를 기대한다.

2부

이런 놀이터,
저런 놀이터

9
충분한 재미,
분명한 콘셉트

곳곳에 똑같이 복제한 놀이터뿐이다. 내가 살고 있는 동네엔 500미터 안에 똑같은 놀이터가 다섯 곳이나 된다. 동네 아이들이 어느 곳으로 가서 놀아야 할까? 처음엔 가장 가까운 놀이터로 가겠지만, 곧 싫증이 나 어떤 놀이터에도 가지 않을 것이다. 한국의 대다수 놀이터에는 어느 곳이나 시소, 그네, 미끄럼틀, 모래밭, 철봉, 그리고 어른들을 위한 표준화된 놀이 기구나 시설이 있다. 놀이 기구들은 종류, 크기, 형태, 색상이 조금도 차이나지 않는다. 간혹 놀이터를 개선한다면서 잡다한 놀이 기구를 추가하는 곳들이 있다. 물건은 많지만 딱히 손 가는 게 없는 상점은 곧바로 나오기 마련이다. 놀이터도 마찬가지다. 놀이 기구의 수량이 놀이의 즐거움을 보장하지 못한다. 놀이 기구들이 상호 연결성을 갖고, 아이들 스스로 놀이 경험과 놀이의 경로를 선택할 수 있어야 한다. 모험과 탐색의 요소가 있어야 하고 상상이 깃들여지가 있어야 한다. 무엇보다 확실한 재미를 주는 핵심 놀이 기구가 필요하다. 아이들이 찾아오는 놀이터는 이웃한 놀이터와 다른 특징과 콘셉트를 갖는 곳이다.

단 하나의 핵심 놀이 기구로 충분하다

네츠필라(Netzvilla)는 '그물로 만든 집'이란 뜻을 가진 조합 놀이 기구다. 네츠필라는 독일 크뮌트(Gmund) 슈베비슈(Schwabisch) 지역의 도시 재활력 사업의 일부로 좁은 짜투리 땅에 설치되었다. A24 란트샤프트(Landschaft)란 조경 회사가 2014년에 거의 8미터 높이나 되는 그물과 철골로 만들었다. 여기에는 그물 구조에서 탈출할 수 있는 관통형 미끄럼틀이 한 켠에 붙어 있다. 이외에 다른 놀이 시설은 아무 것도 없다. 시소도, 철봉도, 정글짐도, 그네도 없다. 단지 키 큰 나무들과 그 아래 앉아 쉴 수 있는 벤치 몇 개가 있을 뿐이다. 그럼에도 불구하고 이 작은 놀이터는 수많은 아이들을 진공청소기처럼 빨아들인다. 나는 집 주변 마을 놀이터에서 5명 이상의 아이들이 놀고 있는 모습을 본 적이 없다. 반면 네츠필라가 있는 짜투리 놀이터엔 하루

다층의 철골 구조물에 그물망을 엮어 만든 네츠필라.

평균 60명 이상의 아이들이 놀러 온다고 한다. 네츠필라가 아이들에게 확실한 재미를 주는 핵심 놀이 기구이기 때문이다.

아이들은 3층 높이의 그물집을 힘겹게 오른다. 그물이 흔들리기 때문에 균형을 잡아야 한다. 아이들은 그물에 몸을 던져 튀어 오르는 반동을 즐긴다. 각 층의 그물들은 수직의 통로로 연결되어 있다. 아이들은 이곳을 통해 더 높은 곳으로 올라간다. 8미터나 되는 높이가 짜릿한 긴장감을 선사한다. 그물은 그네처럼 흔들리고 트램펄린처럼 출렁이기 때문에 어느 곳과도 다른 즐거움을 느끼며 술래잡기를 할 수 있다. 올라가는 경로를 달리할 수도 있다. 정상에 있는 그물 집에서 탈출할 수 있는 미끄럼틀을 타고 빠르게 아래로 내려갈 수 있다.

놀이터 부지가 좁을 수록 핵심 놀이 기구가 필요하다. 마을 놀이터들을 재미있게 만들려면 놀이 기구들을 모두 교체하는 것이 아니라, 놀이터마다 다른 재미를 확실하게 제공하는 핵심 놀이 기구 하나씩만 더 설치하면 된다. 아이들은 이곳저곳 놀이터를 옮겨가며 즐거운 놀이 경험을 쌓아갈 것이다.

스릴을 느끼는 시간

확실한 재미를 어떻게 만들 수 있을까? 이 질문에 대한 실마리를 제공하는 사례는 스페인 바르셀로나의 디아고날 마르 공원(Diagonal Mar Park) 한편에 있는 네 개의 거대한 미끄럼틀이다. 이 미끄럼틀은 마법의 산이라 불리는 작은 언덕에 있다. 폭이 대략 2미터가 넘고 길이는 20미터가 넘는다. 아이들은 소리를 지르며 미끄럼틀에 골판지나 담요를 깔고 빠른 속도로 내려

바르셀로나 디아고날 마르 공원의 마법의 언덕에 있는 광폭 미끄럼틀.

간다. 물론 공원의 다른 쪽에 큰 놀이터가 있지만 아이들은 이곳을 더 재미있어 한다. 왜 그럴까? 우선, 이 미끄럼틀은 일반 미끄럼틀과 달리 폭이 넓다. 아이들이 친구나 부모와 함께 타고 내려갈 수 있다. 재미는 혼자 놀 때보다 함께할 때 커진다. 이렇게 놀이 기구를 타는 방법을 달리하면 재미를 더할 수 있다. 또한 언덕을 따라 미끄럼틀을 설치했기 때문에 미끄럼틀의 하강 길이가 길고 높이가 높아도 안전 사고의 위험이 적다. 마지막으로 미끄럼틀의 하강 높이와 길이가 길어지면 하강 시간이 늘어난다. 반면 우리 주변에 있는 미끄럼틀의 하강 시간은 대부분 1초 안팎이다. 즉 스릴을 느낄 시간이 너무 짧다. 재미를 느낄 시간이 긴 놀이 기구가 재미있기 마련이다.

충분히 헤맬 수 있는 놀이

미국 콜로라도주 덴버 공립중앙도서관의 사서들은 2015년 11월 도서관 중앙 홀에 종이 상자를 이용해서 거대한 미로를 만들었다. 미로의 크기는 길이 22.86미터, 폭 4.57미터, 높이 1.8미터였다. 총 45개의 미로 유닛을 사용했고, 10명의 도서관 직원이 15시간 이상 미로를 만드는 데 참여했다. 미로에는 입구와 출구가 있고 안을 세 구역으로 나누었다. 중앙 홀 3층에서 미로 속을 헤매는 아이들을 지켜볼 수 있다. 미로는 도서관 축제 당일에만 300명이 넘는 아이들과 부모들이 이용할 정도로 대 성공이었다.

이 미로가 재미있었던 까닭은 무엇일까? 한마디로 충분히 헤맬 수 있게 디자인했기 때문이다. 너무 쉽게 출구를 찾을 수 있다면 아이들은 금방 싫증을 낼 것이다. 하지만 이 미로는 다시 들어가도 쉽게 출구를 찾지 못한다. 아이들마다 미로 속을 헤매며 출구를 찾아 이동하는 경로도 다양하다.

잘 디자인한 미로는 복잡할 뿐 아니라 때때로 열린 공간을 둔다. 아이들
이 만날 수 있는 미로 속 광장을 만든다. 또는 위를 막은 터널 구간을 두어
어둡게 하거나 터널 위에 구멍을 뚫어 빛이 들어가게 한다. 미로 벽에 살짝
구멍을 뚫어 다른 통로를 보며 가늠할 수 있게 만들기도 한다. 어떤 미로 유
닛이 다른 유닛으로 연결되는 통로가 하나일 때도 있지만 두 개, 세 개, 네
개일 때도 있다. 즉 미로 속에서 아이들이 다양한 이동 선택지와 사건들을
만날 수 있다.

덴버 공립중앙도서관 중앙 홀에 설치한 막스 미로.

수많은 사건과 공간적 상황에서 아이들은 때론 답답하고 때론 조급하고 때론 희망을 갖고 때론 희열을 느끼고 때론 막역한 두려움을 느낀다. 다양한 변수와 사건은 그만큼의 감정과 느낌을 불러일으킨다. 그러한 심리적 변화가 바로 미로가 주는 재미의 본질이다. 아이들은 강한 탐색 욕구를 갖고 있다. 이 본능에 가까운 욕구를 만족시킬 때 재미를 느낄 수 있다. 미로만이 아니라 대부분의 놀이 기구에서도 마찬가지다. 자신의 선택지에 따라 충분히 헤맬 수 있고 다양한 상황과 사건, 감정과 느낌을 체험할 수 있다면 재미는 보증된 것이다. 아쉽게도 우리 주변의 놀이터엔 충분히 헤맬 수 있는 놀이 시설이 부족하다. 대부분 놀이 방법이 정해져 있고 쉽게 놀이 경로를 파악할 수 있다. 그러니 재미도 없다.

콘셉트가 분명한 놀이공원

콘셉트(concept)는 어떤 작품이나 제품, 공연, 행사 따위에서 드러내려고 하는 중심 개념이나 이미지를 말한다. 콘셉트가 분명한 작품이나 공연, 글은 감상하는 이들에게 명확한 인상을 남긴다. 놀이터도 마찬가지로 콘셉트가 필요하다. 세계적으로 유명한 놀이터들이나 공원들은 다른 곳과 차별화된 콘셉트를 갖고 있다. 콘셉트가 분명한 놀이터는 놀이 기구나 조경 전체를 하나로 묶어주는 이야기가 있거나, 주로 제공하고자 하는 놀이 경험이 있다.

2009년 독일 슈베린에서 열린 연방정원박람회를 위해 특별히 만든 산호초 놀이공원(Alelle Spielplatz)은 콘셉트가 분명하다. 이곳은 로빈슨 크루소의 이야기를 놀이터로 구현하고 있다. 놀이터의 중심에는 마치 산호초 섬의 바위 산과 같은 피라미드 형태의 복합 놀이 기구가 있다. 이 놀이 기구의 외부에서는 미끄럼과 암벽을 탈 수 있다. 피라미드 내부는 마치 로빈스 크루소가 살았을 법한 동굴처럼 꾸며놓았다. 곳곳에는 트램펄린이 있다. 그리고 주변에는 나무로 만든 악어와 개구리, 목선이 있다. 그다지 다양한 놀이 기구를 설치하지 않았다. 하지만 대부분의 놀이 기구와 바닥을 선명한 붉은색으로 칠했기 때문에 인상이 선명하다. 열대의 붉은 산호초를 연상시키는 붉은색이 놀이터 전체를 하나로 묶어주는 역할을 하고 있는 것이다. 이처럼 놀이 기구가 적더라도 명확한 콘셉트를 갖는다면, 아이들에게 강한 인상을 줄 수 있다.

독일 슈베린에 있는 산호초 놀이공원. 붉은색의 산호초 섬을 콘셉트로 삼았다.

집 주변에 있는 놀이터들을 보면서 늘 나는 재잘거리며 즐겁게 노는 아이들을 고대한다. 콘셉트가 분명하고, 아이들이 충분히 헤매며 탐색하고 스릴을 느낄 수 있기를 바란다. 도시 곳곳에 있는 기존 놀이 기구들을 모두 바꾸는 데에는 너무 많은 돈과 시간이 필요하다. 그렇다면 놀이터마다 단 하나만이라도 차별화된 핵심 놀이 기구를 둘 수 있기를 바란다. 창조력이 중요해지는 시대인 만큼 다양한 놀이터들이 등장해야 한다. 창조성은 획일적인 놀이터가 아니라 색다른 놀이터를 필요로 한다.

❶ 모호함

놀이 환경이 지시적이지 않고 모호하고 추상적이어서 지금까지 놀이 기억이나 친구의 모습을 보고 따라할 필요가 있는 환경을 만들 것.

❷ 우연과 변화

예기치 않은 움직임이 발생해 많은 변화가 일어날 수 있고, 아이들이 새로운 발견의 기쁨을 느낄 수 있어야 할 것.

❸ 경쟁

친구와 규칙을 정하고 경쟁하고 그 과정을 즐길 수 있을 것.

❹ 위험과 도전

용기 있게 시도하고 도전하며, 시도한 결과 성취의 기쁨을 누릴 수 있는 드러난 위험 요소를 가진 모험 과제를 제시할 것.

❺ 비밀과 은둔

어른의 시선에서 벗어나 혼자 또는 친구와 조용히 보내는 장소를 마련할 것.

❻ 순환 반복성

마음에 드는 것을 질릴 때까지 반복하고 숙련할 수 있는 순환 장치가 있을 것.

❼ 현기증과 도취

일시적으로 아찔할 정도의 스릴에 빠질 수 있는 요소가 있을 것.[3]

10

학교 운동장의
변신

연병장을 닮은 학교 운동장

내가 다디던 학교 운동장은 연병장을 닮았었다. 학교 건물과 수평으로 마주한 넓은 운동장은 군대 막사와 나란한 연병장과 같은 배치였다. 담장을 따라 학교엔 놀이 기구가, 연병장엔 체력 단련 기구가 있는 것도 마찬가지였다. 운동장 앞쪽 한편에 식수대가 있고 중앙에는 조례대가 있는 모양새도 군부대 연병장과 비슷했다. 운동장 양끝으로 축구 골대나 농구 골대가 있는 것도 닮은 꼴. 요즘은 어떨까? 집 가까이 있는 초등학교를 지나며 슬쩍 본 학교는 예나 지금이나 별반 차이가 없어 보인다. 다만 조금 다채롭게 색을 칠한 건물과 새로 들어선 실내 체육관, 담장 한편에 만든 텃밭이 어린 시절 기억 속의 학교 운동장과 조금 다를 뿐이다.

이제서야 운동장 조례대가 권위적인 일제의 잔재라며 없애는 학교들이 나타나고 있다. 1910년 국권을 일본에게 빼앗기고 식민지 교육이 본격적으로 도입된 지 100여 년이 넘었다. 1945년 광복 이후 70여 년이 넘었다. 학교는 참 쉽게 변하지 않는다.

학교 운동장에 지금과 같은 놀이 시설을 본격적으로 설치하기 시작한 것은 일본이 물러나고도 한참 뒤였다. 일본군 장교 출신 대통령이 정권을 잡았던 시절에 일본의 놀이터를 모방했다. 정작 일본의 놀이 시설들은 패전 뒤 미군정 시절 미국놀이터협회의 로비 결과였다. 미국에서 표준화되었던 4S 놀이 기구가 일본 전역으로 퍼져나갔다. 그리고 일본을 거쳐 한국 곳곳에도 4S 놀이 기구를 획일적으로 설치했다. 지금 우리가 보고 있는 학교 운동장의 놀이 시설은 따지고 보면 미국의 영향이다. 미국 놀이터의 관료주의와 산업화의 영향, 과도한 안전 규제를 전해 받은 한국 놀이터의 문제는 '놀이터를 신체적 활동의 공간으로만 보는 편협함', '4S 위주의 획일적이고 구조적인 놀이 기구', '안전 조치를 위해 지나치게 모험의 기회를 제거'한 것으로 요약할 수 있다.

운동장을 야외 학습장으로

학교 운동장과 놀이터는 시작부터 단지 신체 단련만을 위한 공간이 아니었다. 1900년대 미국의 교육과 놀이터에 지대한 영향을 끼친 진보적 교육학자이자 실용주의 철학자였던 존 듀이는 노작(勞作) 교육과 야외 활동을 중시했다. 그는 "야외 활동은 살아 있는 학교"라고 극찬했다. 1900년대 당시 놀이 지도자들과 교육자들은 놀이터 활동에 훈시, 깃발에 대한 경례, 체력 단련, 농구, 기술 작업, 예술, 공예, 민속춤, 진흙 놀이, 민주적 시민 교육, 준법 교육을 넣어야 한다고 생각했다. 이처럼 놀이터는 단지 신체 활동 공간이 아니라 야외 교실이자 학습장이었다.

만약 우리가 지금 학교 운동장을 바꾸고자 한다면, 놀이터에 신체 활동뿐 아니라 인지 놀이, 공간 탐색, 역할 놀이, 기술 놀이, 작업 놀이 등을 추가해야 한다. 교육은 '교실 수업만으로 완결할 수 없고 야외 수업을 통해 균형을 잡아야 한다'라는 사실 역시 되새길 필요가 있다. 그 바탕에서 학교 운동장을 야외 학습 마당으로 바꾼다는 목표를 분명히 해야 한다.

다양성을 보장하는 학교 운동장

한국 학교 운동장의 문제는 무엇보다 '신체적 활동 공간으로만 보는 편협함'이다. 특히 축구장이 운동장을 과점하는 것이 문제다. 축구장의 정식 규격은 직사각형에 길이는 90~120미터, 너비는 45~90미터이다. 국제 경기용 경기장의 규격은 길이가 100~110미터, 너비는 64~75미터이다. 하지만 학교 축구장을 반드시 규격에 맞출 필요는 없다. 학교 운동장은 몇몇 선수가 아니라 대다수 학생들이 즐겁게 놀 수 있도록 만들어야 한다. 축구장이 운동장을 과점하거나 한가운데를 차지할 필요는 없다. 축구장을 주로 고학년 남학생들이 차지하면서 저학년생들 특히 여학생들이 외곽으로 밀려난다. 덴마크에서는 축구장이나 농구장 같은 구기장을 규격보다 작게 만들거나, 차벽을 세워 운동장 한편으로 몰아둔다. 축구장, 농구장을 따로 따로 만들지 않고 다용도 구기장을 만들기도 한다. 이렇게 구기장을 한 구석에 배치하면 운동장을 보다 다양한 놀이와 활동 공간으로 활용할 수 있다. 덴마크의 아마 필르(Amager Fælled) 학교는 여학생들과 저학년생들의 요구에 맞춰 정적인 공간을 포함한 여러 구획들로 운동장을 나누었다.

덴마크에서는 학교 운동장을 다양한 활동을 위한 구역으로 나누는 변화가 한창이다. 대부분 바닥 도색, 바닥 포장, 높고 낮은 턱이나 펜스 등을 이용해서 나눈다. 건물의 뒷마당에도 놀이 시설을 설치해서 좀 더 밝고 역동적인 분위기로 바꾼다. 각각의 공간에서 서로 다른 놀이, 휴식, 야외 활동이 이루어진다. 또 다른 변화는 운동장에 야외 라운지처럼 쉴 수 있는 그늘과 앉을 자리를 충분히 만든다는 점이다. 덴마크의 뇌어 스네더(Nørre Snede) 학교는 자연적 활동과 정적인 활동이 가능하도록 운동장을 나누었다.

독일에서도 최근 학교 운동장을 텃밭, 정원, 야외 학습장, 운동장, 놀이터, 휴식 공간, 산책로를 통합한 생태 통합 운동장으로 바꾸는 사례들이 늘고 있다. 독일의 카타리나-하인로트 초등학교(katharina-heinroth grundschule)는 2016년 학교 운동장을 새롭게 바꾸었다. 학교 운동장은 야외 학습과 휴식, 소통, 놀이의 공간이 되었다. 이 학교에서 새 운동장을 개장할 때 발표했던 환영사의 일부를 옮긴다.

"2014년을 되돌아보면 운동장에는 미끄럼틀과 모래밭과 콘크리트 경주로가 있었습니다. 크고 지루했고, 그늘은 부족했습니다. 그때 이후로 많은 일이 일어났습니다. 주민 대표, 학부모, '녹색학교', 조경 건축가, 녹색지역사무소 대표, 교육청과 학교 행정에 계신 많은 분들이 원탁에서 만났습니다. 우리는 미래에 학교 운동장이 어떻게 바뀔지에 대해 논의했습니다. 학생들은 프뢰제-겐즈(Frose-Genz) 여사와 디첸(Dietzen) 부인과 함께한 워크숍에서 원하는 것을 말하고 학교 운동장의 첫 번째 디자인을 완성했습니다. 2016년 여름 방학 기간에 착공해서 오늘 감격스런 결과를 보게 됩니다. 다양한 놀이 기구들이 여기에 있습니다. 운동장엔 등반 구릉, 축구장, 녹색 교실, 학교 정원, 학생 카페, 나무와 관목 및 기

아마 필르 학교에서는 운동장을 입체적이고 다채로운 구역으로 나누었다(위).
카타리나−하인로트 초등학교의 생태 통합 운동장(아래).

타 여러 볼거리가 많습니다."

우리도 이제는 학교 운동장을 야외 학습장으로 바꾼다는 대전제 아래 획일적인 평면이 아닌 입체적이고 다채로운 공간으로 나누어야 한다. 다양한 놀이, 휴식, 학습, 체육 활동이 가능한 방향으로 바꿔야 한다. 또한 운동장에 자연 요소를 끌어들여 텃밭, 작업장, 다양한 야외 활동이 가능한 통합적인 야외 학습장으로 혁신해야 한다.

지역 사회에 개방하는 학교 운동장

학교 운동장의 혁신을 가로막는 요소들은 다양하다. 관료적 교육 행정, 보수적 학교 문화, 부족한 재원과 인력, 특히 과도한 안전 규제와 학부모로서 자기 책임을 방기하고 모든 책임을 학교에 떠넘기려는 경향이 발목을 잡는다. 이런 문제를 극복하는 핵심은 지역 사회와의 협력이다. 학교 운동장 놀이터를 바꾸기 위해서는 학부모와 지역 사회의 참여를 끌어내야 한다. 이를 위해 우선 학교는 운동장을 지역 사회에 개방해야 한다. 단지 조기축구회에 학교 운동장을 개방하는 것으로 좁게 이해해서는 안 된다. 덴마크에서는 학교 운동장을 지역 사회에 개방하고, 학생들의 부족한 신체 활동과 놀이 활동을 증진하기 위해서 2010년부터 학교 운동장의 붐(Drøn pa Skolegarden) 프로젝트를 진행하고 있다.

덴마크 사회는 많은 아이들이 움직이지 않으면 건강, 학습 능력, 운동 능력, 삶의 기쁨, 사회 기술에 부정적 영향을 끼친다는 점을 깨달았다. 학교 운동장의 붐 프로젝트는 학교 운동장의 재발견과 실험적이고 도전적인 시도를 위한 캠페인이다. 그동안 아이들이 뛰어 놀지 않던 운동장을 뛰어 노는 운동장으로 바꾸는 디자인 경진 대회를 개최했다. 2012~2016년 경진 대회에 참가한 106개 학교 가운데 당선된 7개 학교 운동장이 정부, 지방자치단체, 교육 기관, 기업, 지역 사회의 지원으로 바뀌었다. 일례로 토룹(Torup) 생태 마을 학교 운동장은 지역 사회의 공공장소로 탈바꿈했다. 학교 운동장의 담장은 주변 건물 모양을 닮은 붉은색 놀이 펜스로 바뀌었다. 놀이 펜스에는 나무 집, 농구대, 등반 구조물, 칠판 등 다양한 놀이 기구를 설치했다. 다소 폐쇄적이었던 운동장에 지역 주민들이 보다 쉽게 접근할 수 있도록 개방성을 더했다. 이곳은 단지 학생들만을 위한 운동장이 아니라, 지역의 문화 공간이자 지역 주민들의 쉼터가 되었다. 지역 주민들은 자연스럽게 아이들이 뛰노는 것을 지켜보고, 안전을 유지하고, 아이들의 놀이를 지원할 수 있게 되었고, 마을과 학교는 강한 유대성을 갖게 되었다.

학교 운동장을 바꾸고자 한다면 운동장을 개방하는 차원을 넘어 지역 사

토룹 생태 마을 학교 운동장에서 마을 모임이 열리고 있다.

회의 놀이 자원을 활용해야 한다. 아이들의 신체 활동과 놀이를 증진시키기 위해서 학교 운동장의 변신만으론 부족하다. 학교 주변 지역의 공공 놀이터, 아파트 놀이터를 연결한 놀이터 네트워크를 만들어야 한다. 물론 아파트 놀이터, 마을 공공 놀이터, 학교 운동장 놀이터가 다를 바 없다면 소용없다. 학교, 아파트 단지, 마을의 놀이터 자원을 파악하고 각각 개성과 콘셉트, 놀이 기능을 차별화한 뒤 지역에서 놀이터 네트워크를 연결해야 의미가 있다. 더디긴 하지만 변화는 우리 주변 곳곳에서 시작되고 있다. 학교 운동장을 바꿔야 한다는 목소리도 커지고 있다. 단지 요구에만 머물지 말아야 한다. 학교 운동장에서 놀이 활동에 대해 책임지고 참여하는 교사, 학부모, 지역의 이웃들이 있어야 실질적인 변화가 가능하다. 그 변화는 오랜 시간 우리가 지역에서 주체적이고 자율적인 지역 공동체의 일원이자 진정한 시민이 되는 여정과 함께할 것이다.

11
이야기와
기억의 놀이터

"이야기는 인간을 구원하는 힘을 가졌다." 이야기의 힘에 대해 들려주는 쉘 요한손의 소설 《이야기꾼》은 찢어지는 가난과 고통 속에서 상상의 세계로 도피하는 소년과 허풍쟁이 아버지의 이야기를 들려준다. 스웨덴의 스톡홀름 변두리 빈민촌, 다 쓰러져가는 집에서 할아버지, 할머니, 어머니, 누나, 주인공 소년이 살고 있다. 불우하지만 가난 속에서도 그럭저럭 행복하게 살던 가족들에게 어느 날 오랫동안 집을 나가 떠돌던 아버지가 돌아온다. 소년과 가족은 오랜만에 다시 만난 아버지를 반갑게 맞이하고, 세상을 떠돌던 아버지가 들려주는 재미있는 이야기들로 즐거워한다. 하지만 종종 폭주하는 아버지의 폭력과 켜켜이 쌓이는 갖가지 불행 속으로 빠져든다. 아버지의 폭력 때문에 겪는 고통과 두려움, 화해와 용서가 반복된다. 아버지를 향한 사랑만큼이나 아버지에 대해 커가는 두려움과 분노로 갈등하는 가운데 소년은 아버지가 들려주었던 이야기에 자신의 상상을 더하며 점점 더 현실에서 도피한다.

10년 전《이야기꾼》을 읽고 난 뒤 종종 인간과 이야기에 대해 곰곰이 생각해본다. 인간은 이야기에 중독된 것이 분명하다. 소위 '먹방'에 빠진 사람들만 봐도 알 수 있다. 사람들은 먹을 수 없는 요리 이야기에 빠져든다. 중독성 이야기들은 도처에 있다. 전설, 신화, 소설, 드라마, 영화, 설교, 노래, 광고, 브랜드, PC 게임⋯⋯. 모두 이야기들이다. 인간의 삶에서 이야기를 빼면 도대체 무엇이 남을까? 이스라엘의 역사학자 유발 하라리는 자본주의라는 경제 시스템도 이야기라고 말할 정도다. 가상을 이야기할 수 있고 상상과 믿음을 가질 수 있는 사피엔스이기 때문에 자본주의가 가능했단다. 인간은 자신이 지어낸 이야기에 중독되고 이야기가 만든 세계에서 살아가는 존재다. 아이들은 이야기를 들으며 자라고, 이야기로 자신의 세상을 만들고, 이야기의 힘에 사로잡히거나, 이야기의 힘을 아는 이야기꾼으로 자란다. 분명 아이들에겐 이야기가 있는 놀이터가 필요하다.

2014년 노벨 생리의학상은 뇌 속에 있는 지도와 지피에스(GPS), 그리고 내비게이션을 발견한 과학자들이 받았다. 뇌 속에 있는 장소세포(place cell)와 격자세포(grid cell)를 발견한 공로로 영국 유니버시티 칼리지 런던의 존 오키프 교수와 노르웨이 과학기술대학의 에드바르드 모세르, 마이브리트 모세르 부부 교수에게 돌아갔다. 그리고 몇 년 뒤 2016년 7월 7일 〈뉴 사이언티스트〉에 두뇌에는 감정적으로 좋아하는 장소를 기억하는 세포가 있다는 기사가 실렸다. 뉴욕 컬럼비아 대학의 다니엘과 그의 동료들은 쥐를 실험한 결과 뇌 해마 조직에 감정과 장소를 연결해서 기억하는 장소세포를 발견했다. 인간 역시 모든 포유류에게서 발견되는 해마 조직을 가지고 있다. 인간은 좋아하는 식당을 찾아 갈 때처럼 특정 장소에 특별한 의미를 부여하고 감정적 요소를 통합하는 장소세포를 가지고 있다.

이 연구가 아니더라도 기억술사들은 고대부터 특정 장소와 과장된 감각을 결합한 연상 기억은 쉽게 잊히지 않는다는 점을 최대한 활용해왔다. 수십만 년 동안 사냥감을 찾아 유랑하거나 밀림 속을 헤매다 은거지로 돌아와야만 생존할 수 있었던 인류에게 장소는 기억에 단단하게 달라붙는 필수 생존 정보였다. 그렇게 만들어진 장소 기억은 실용적 이유에서도 심리적 이유에서도 너무나 중요하다. 만약 우리가 이야기의 힘을 믿고 아이들을 매혹시킬 수 있는 이야기 놀이터를 만든다면, 아이들은 자신의 시간 속에서 이야기가 구원이 되는 장소를 갖게 될 것이다.

글라드삭세 도서관 정원 놀이터

어떻게 아이들의 기억에 남는, 아이들이 이야기 속으로 들어가는, 때로는 아이들 자신이 이야기꾼이 되는, 번쩍이는 감정들을 붙여 놓을 수 있는 놀이 장소를 만들 수 있을까? 그 답은 이야기와 놀이터의 결합이다. 이야기와 결합한 놀이터는 단순히 놀이 기구를 배치한 놀이 공간이 아니라, 수많은 아이들의 추억이 장소세포에 새겨지는 놀이 장소가 된다.

덴마크 최초의 도서관 놀이터인 글라드삭세(Gladsaxe) 도서관 정원 놀이터는 이야기와 놀이터가 어떻게 결합할 수 있는지 보여주는 좋은 사례다. 이 놀이터는 새롭고 독창적인 방법으로 독서 인구를 늘린 공로를 인정받아 2017년 덴마크 문화부장관으로부터 '도서관 소개상'을 받았다. 문화부장관은 "글라드삭세 도서관은 놀이터를 통해 어린이 문학과 결합한 놀이 속으로 어린이들이 뛰어들게 하고, 어린이들에게 문학을 보급하는 전혀 새로운 방식을 만들어냈습니다. 이 도서관은 야외 공간을 사용하고, 멋지게 어린이 도서관과 통합한 문학 놀이터를 만들었습니다. 그 결과 고전은 물론 문학과 상호 작용할 수 있는 보급 방식을 모범적으로 만들었습니다. 이 놀이터는 어린이, 운동하는 사람들, 노인을 위해 활동하는 분들이 두루 참여한 멋진 협업 프로젝트입니다"라며 시상 이유를 밝혔다. 야갑 레아구스(Jakob Lærkes) 도서관장은 "너도밤나무의 세계에서 온 단어와 등장인물을 만나고, 도시 공간에서 문학을 경험하고 탐험할 수 있게 하는 것이 우리의 비전이었습니다. 결과는 그 자체로 말합니다. 우리는 재미있어 하고, 배우고, 뛰노는 아이들이 도서관 정원에 가득 찬 것을 볼 때마다 기쁩니다"라며 놀이터의 성공에 대해 말했다. 이곳은 2016년 8월에 개장했고, 2017년 상을 받은 뒤로 글라드삭세 시의 인기 도서관 정원이 되었다. 이곳은 모든 연령대 시민들이 모이는 지역의 중심지으로서 다양한 행사를 연다.

글라드삭세 도서관의 책 놀이터. 놀이 기구를 지지하는 구조물들이 모두 책 모양이다.

글라드삭세 도서관 정원의 놀이 기구들은 모두 어린이 문학과 관련이 있다. 대형 선반은 동화책 형태로 만들었고, 놀이 기구의 벽체에는 4미터 높이의 동화 속 등장인물인 랑 피더 매이슨(Lange Peter Madsen)이나 호자(Hodja)를 그려넣었다. 아이들은 어두컴컴한 안토예(Antoye)의 탑이나 대형책 공간 안으로 들어갈 수 있다. 무스타파(Mustapa) 키오스크를 이용할 수 있고, 덴마크 동요에 영감을 받아 만든 디지털 게임을 할 수도 있다. 커다란 만년필 모양으로 만든 스프링 균형대와 펜촉 모양의 시소, 동화 속 인물인 매이슨 선생의 높은 모자를 흉내 낸 회전 놀이 기구와 트램펄린이 있다. 어린이 문학의 유명한 구절과 대사들이 적혀 있는 책 모양 놀이 기구에는 미끄럼틀, 그네, 바구니 그네, 그물망, 하늘사다리가 붙어 있다. 때때로 책은 그 자체로 등반 놀이 기구이다. 아이들은 미니 가게와 야외 의자, 비행기 모양의 탈 것에서 휴식을 취할 수 있다. 고무 타잔(Rubber Tarzan)과 함께 몸을 풀 수도 있다. 이곳에는 동화 속 캐릭터뿐 아니라 야생화들이 있고, 놀다가 지친 아이들은 곧바로 도서관으로 들어가 책을 읽거나 음악을 들을 수 있다.

몬스톰

덴마크의 한 극장에서 무대 디자인 작업을 하던 올레 바슬런드 닐슨과 크리스챤 젠슨은 2003년 놀이터 스튜디오 몬스톰(Monstrum)을 설립했다. 극장 세트를 만들던 자신들이 마을에 세워지고 있던 공공 놀이터보다 훨씬 더 재미있고 서사적인 놀이터를 만들 수 있겠다는 생각에서였다. 몬스톰은 주로 이야기를 바탕으로 어른과 어린이 모두를 상상의 세계로 유혹하는 예술적이고 건축적인 놀이 구조물을 만든다. 몬스톰은 2014년 스톡홀름의 가장 좋은 놀이터상, 2014년 독일 디자인상, 2010 스웨덴 건축 디자인상, 2018년 독일 디자인 우수상 등을 받았다. 이곳에서 41명의 예술가, 디자이너, 건축가, 목수, 제작자가 함께 일한다.

몬스톰은 글라드삭세 도서관과 다른 방식으로 이야기와 놀이터를 결합한다. 글라드삭세 도서관이 책 모양의 놀이 기구 구조물과 책 속의 등장인물, 동화 속 문장을 활용한다면, 몬스톰은 북유럽 동화 속에 등장하는 동물, 식물, 곤충, 물고기, 탑이나 성곽, 집 같은 건축물, 기차, 배, 비행기, 로켓, 잠수함 같은 탈 것을 괴물처럼 거대한 놀이 기구로 만들었다. 단품 놀이 기구가 아니라 대부분 조합 놀이 구조물이다. 아이들은 괴물 모양의 놀이 구조 안으로 들어갈 수 있다. 이 구조 안에는 밧줄 사다리, 그물 등반 기구, 미끄럼틀 등 다양한 놀이 기구가 있다. 아이들은 어느새 자기가 마치 이야기 속의 주인공이 된 것처럼 탐험과 모험, 도전의 세계로 빠져든다.

에스퍼게아(ESPERGÆRDE)에 몬스톰이 만든 거대한 메뚜기 놀이터는 이들이 이야기와 놀이터를 어떻게 통합하는지를 보여준다. 높이 3미터, 길이 8미터, 너비 4미터인 거대 메뚜기가 정원에서 길을 잃었다. 정원사는 괴물 메뚜기가 두려워서 도망친다. 정원사가 잊어버린 모든 것들 곧, 물뿌리개,

에스퍼게아의 거대한 메뚜기와 물뿌리개.

물 호스, 갈퀴가 여기저기에 흩어져 있다. 물뿌리개, 물 호스, 갈퀴, 심지어 정원의 꽃과 풀들도 거대하다. 4~12세 아이들은 자신이 마치 개미처럼 작아졌다고 생각한다. 어쩌면 자신이 정원의 정원사라고 생각할 수도 있다. 아이들은 괴물 메뚜기와 물뿌리개, 호스, 갈퀴, 꽃의 안팎으로 오르락내리락하며 뛰놀 수 있다. 메뚜기의 날개는 그물로 되어 있다. 메뚜기 몸속으로 사다리를 타고 올라가면 그곳에 작은 극장이 있다. 정원 호스에서 균형을 잡으며 정원을 가로질러 탐험할 수도 있다. 물뿌리개는 미끄럼틀이다. 아이들은 놀이 기구에서 즐길 수 있는 그 이상의 모험과 도전을 이야기를 상상하며 체험하게 된다.

산업 유산의 기억을 들려주는 놀이터

지역의 역사적 맥락을 어떻게 놀이터가 기억할 수 있을까? 2015년 1월 벨기에 플라망 지역 베링언의 석탄 야적장에 만든 버미너(Be-Mine) 어드벤처 광산 놀이터가 그 답이 될 수 있다. 이곳은 과거 베링언 지역에서 가장 큰 탄광이었던 산업 유산의 흔적과 기억을 멋진 모험 놀이 전경으로 구현했다. 이곳은 산업 유산에 레크리에이션 기능을 결합해 새로운 생명을 불어넣는 베레이너(bereine) 프로젝트의 일부였다. 이 프로젝트는 60미터 높이의 넓은 석탄 야적지를 모험 놀이터로 만들고, 오래된 광산 건물을 체험 문화 관광지로 재생하는 프로젝트였다. 석탄 야적장이었던 산 정상에는 탄광 산업 시설을 조망할 수 있는 원형의 석탄 광장이 있다. 이곳에는 바람을 피할 수 있는 대피소와 광산의 역사를 적은 표지판이 있다. 산 아래에서 이곳 정상까지 계단이 굵은 등뼈처럼 똑바로 이어져 있다. 과거 수십 킬로미터의 갱도를 받치고 있던 1,600개의 갱목을 재활용해서 북쪽 경사면 등성이에는 갱목 숲을 만들었다. 갱도 형태로 만든 놀이 터널은 이곳이 광산촌이었음을 보여준다. 놀이 갱도와 프리즘처럼 굴절된 경사면은 고된 광부들의 육체 노동을 기억할 수 있도록 만들었다. 경사면에는 콘크리트 미끄럼틀, 밧줄 그물, 암벽 등반 손잡이를 설치했다.

이곳을 오르는 아이들은 몸을 써야 한다. 경사면은 높이에 따라 난이도가 달라진다. 위로 올라갈수록 더 힘들기 때문에 아이들은 서로 협력하고 격려해야 한다. 이는 서로 무조건 믿어야만 했던 광산 노동자들의 상황을 물리적 구조로 표현하면서도 놀이 활동과 연결한 것이다.

이야기와 뇌에 각인된 장소들에 대해 생각하다 내 머릿속 장소세포에는 어떤 장소들이 기록되어 있을지, 어떤 감정들이 기억의 장소와 결합되어 있을지 궁금해졌다. 어릴 적 기억을 더듬어 떠올린 곳은 영등포 양남동에 있던 놀이터, 교회 지붕과 종탑, 양천구 신정동 뚝길, 집에서 걸어 몇십 분 거리에 있던 칼산이라 부르던 동네의 작은 흙 동산, 집 앞 공터, 신정동 도깨비시장과 골목길이다. 이곳들에 대한 느낌은 모험, 기쁨, 고요, 자유, 긴장 등 다양하다. 나의 장소세포에 새겨진 장소들은 다양한 감정과 연결되어 있다. 기억 속의 놀이 장소는 놀이터만이 아니다. 어릴 적 수많은 공간들이 놀이 장소였다. 놀이 장소들과 연상되는 감정들도 단지 즐거움이나 놀라움만은 아니다. 놀이 장소와 시간이 만들어내는 어떤 리듬에 대한 복잡하고 다양한 정서적 반응과 세밀한 느낌들이 거기 있다.

우리의 뒤를 이어 이 세상을 살아갈 아이들은 자신의 장소세포에 어떤 놀이의 장소들과 감정들을 새기게 될까? 만약 우리가 아이들의 추억을 위해 무엇인가 할 수 있고 조금이나마 개입할 여지가 있다면, 우리는 어떤 놀이 공간을 만들어야 할까? 만약 놀이터를 만들 기회가 주어진다면 나는 놀이 터 한편에 이야기꾼 의자를 둘 것이다. 누군가 그 자리에 앉아 이야기를 하면 아이들이 주변으로 몰려와 이야기를 듣고, 그 가운데 어떤 아이가 다시 새로운 이야기꾼으로 살아갈 수 있기를 바라기 때문이다. 나는 이야기가 갖는 구원의 힘을 믿는다.

버미너 어드벤처 광산 놀이터.

12
잡동사니로도
충분하다

놀이터가 반드시 세련될 필요는 없다. 완벽하게 만든 놀이 기구가 즐거움을 보장하지도 않는다. 놀이터는 아이들이 재미있게 놀 수 있는 놀이 공간이면 충분하다. 이것을 인정한다면 우리는 좀 편한 마음으로 놀이터 만들기에 도전할 수 있다.

어린 시절을 보냈던 1970~1980년대 안양천 신정동 뚝방 동네에는 놀이터가 없었다. 강 건너 영등포로 가야만 정글짐과 그네, 미끄럼틀이 있는 놀이터가 있었다. 뚝방 동네 아이들은 골목이나 공터, 강둑에서 놀았다. 비닐 부대 하나로 경사진 강둑을 미끄럼틀로 변신시켰다. 아직 비린내가 가시지 않은 생선 상자 몇 개만 있어도 우리들은 상상 속의 자동차를 만들고 오두막을 지었다. 적당한 결핍은 창의력을 발휘할 이유가 되었다. 잡동사니는 거창하게 창의를 내세우지 않더라도 무엇인가 재밋거리를 만들어낼 자원이었다. 별것 없었던 시절, 우리 세대는 온갖 잡동사니를 갖고 놀았다. 그렇게 우리는 지금도 아이들을 위해 놀이터를 만들 수 있다. 그럼에도 많은 이들이 비용 때문에 놀이터 만들기에 엄두를 내지 못한다. 비용이 부족하다면 주변에 버려진 잡동사니를 이용해보자. 상상력을 자극하고 용기를 불어넣기에 충분한 잡동사니 놀이터들이 세계 도처에 있다.

폐타이어 놀이터

업사이클링(Upcycling) 놀이터를 만들 때 자주 쓰는 재료는 타이어, 전선 타래, 팔레트, 드럼통, 흄관, 하수관, 고물 자동차, 버려진 선박, 해양 어구, 산업 설비 배관, 박스 종이 들이다. 이 가운데 폐타이어를 가장 많이 쓴다.

도쿄의 니시 로쿠고 공원은 폐타이어로 어떻게 특색 있는 놀이터를 만들 수 있는지 과감한 상상력을 펼쳐 보인다. 이곳의 놀이 기구들은 인근 가와사키 산업 공단에서 나온 3천여 개의 폐타이어로 만들었다. 놀이터 입구에 들어서면 거대한 2층 높이의 폐타이어 고질라가 반긴다. 그리고 폐타이어 16개로 만든 로켓과 로봇이 아이들을 반긴다. 놀이터 중앙에는 대형 타이어 그네가 있다. 정글짐 역시 폐타이어와 강관 구조물로 만들었다. 놀이터

도쿄 니시 로쿠고 공원의 폐타이어 놀이터.

한쪽 경사면에는 타이어 등반 구조물이 넓게 펼쳐져 있다. 무엇보다도 가장 인기 있는 놀이 기구는 타이어로 만든 미끄럼틀이다.

니시 로쿠고 공원이 타이어로 만든 조형적 놀이 기구가 특징이라면, 미국 메릴랜드주 건파우더 팔스 주립공원(Gunpowder falls state park)은 폐타이어 놀이터의 표준을 보여준다. 이곳엔 타이어 등반 놀이 기구, 타이어 자동차, 타이어 보트, 타이어 다리 등 표준화된 타이어 놀이 기구들이 있다. 이런 폐타이어 놀이 기구들은 제임스 졸리(James A. Jolley)가 만든 매뉴얼의 영향이다. 제임스 졸리는 《완전히 재미있는 놀이터(En Tire Ly Fun Playground)》라는 폐타이어 놀이터 매뉴얼을 만들었다. 이 책의 제목은 말장난을 이용한 이중 의미를 띠고 있다. 'En Tire Ly'는 '타이어로 만든'이란 뜻을 명확히 드러낸다. 이 매뉴얼은 어린이와 가난한 가정을 위한 놀이터를 만들기 위해 헌신한 지미 졸리(Jimmy Jolley)의 허락을 받아 그의 기억을 되살린 것이다. 지역에서 쉽게 구할 수 있는 골칫거리 폐기물인 타이어로 거의 모든 놀이 기구를 만드는 방법을 자세히 소개한다. 공개 자료이기 때문에 누구나 이용할 수 있다. 폐타이어와 그 밖의 재활용 자재를 사용한 좀 더 발전된 놀이터 디자인과 구현 사례들을 찾아보고 싶다면 플레이그라운드아이디어스 (http://www.playgroundideas.org)를 참고하기 바란다.

전선 타래 놀이터

출처를 알 수 없는 한 장의 사진이 넉넉하지 않은 형편에 놀이터를 만들고 싶은 많은 이들에게 영감을 주었다. 오래된 컬러 사진 속에는 2단으로 쌓은 전선 타래(cable drum, cable spool) 더미가 있다. 전선 타래 위에 7명의 아이들이 서거나 앉아 있다. 한 아이는 전선 타래 기둥이 벌어진 사이로 들어가 사진기를 향해 포즈를 취하고 있다. 전선 타래는 노란색과 하늘색, 흐릿한 갈색이다. 전선 타래는 야적장에 아무렇게나 쌓아 놓은 것이 아니라, 아이들을 위한 놀이 기구다.

이 사진은 열악한 환경에서 아이들에게 희망을 주고 전쟁의 상처를 치유하고자 했던 이들에게 섬광 같은 자극이었다. 바레인 수도 마나마의 알 리와크에 있는 바레이니 아트 갤러리(Bahraini Art Gallery)의 재활용 놀이터 역시 이 사진에서 영감을 받았다. 지드 지드 키즈(Zid zid Kids)의 공동 설립자 줄리 크레어(Julie Klear)와 그의 남편 몽리 에스켈리(Moulay Essakalli)는 전쟁의 상흔이 남아 있는 바레인에 재활용 놀이터를 만들었다. 그들은 전쟁의 폐허에서 주워 모은 전선 타래와 도로 표지판을 이용해서 미끄럼틀과 나무 집, 폐타이어를 이용한 그네와 등반 벽, 폐전신주를 이용한 등반 놀이 기구, 거대한 실리콘 파이프를 이용한 놀이 터널을 만들었다.

전선 타래는 주로 팝업(pop up) 놀이터에서 자주 쓰는 자원 가운데 하나다. 첫 번째 팝업 놀이터가 뉴멕시코 쏘우밀의 ACE 리더십 고등학교(ACE Leadership Highschool) 운동장에 등장했다. 예산은 한화로 대략 1백만 원이 전부. 하지만 놀이터를 만드는 데 75명의 어린이, 55명의 지역 어른, 학교 학생 29명, 학교 직원 20명, 미국조경건축협회 뉴멕시코 지부 회원 8명, 뉴멕시코 대학 학생 7명 등 총 190명이 참여했다. 놀이터를 만든 재료들은 ACE 리더십 고등학교에서 제공한 목재와 재활용 자재였다. 종이 상자, 지관, PVC관, 나무 팔레트, 무엇보다 전선 타래를 주로 사용했다. 이런 빈약한 재료를 가지고도 자원봉사자들은 공룡, 비행기, 변신 트럭, 다양한 등반 놀이 기구와 미끄럼틀을 만들어냈다. 주민이 힘을 합치고 잡동사니가 있다면 즐거운 놀이 공간을 만들 수 있다.

싱가포르복지협회 역시 전선 타래를 이용한 또 다른 놀이터 사례를 보여준다. 싱가포르복지협회는 지역 공동체의 공공장소를 확대하기 위해 만든 아우어 페이버릿 플레이스(Our Favourite Place)와 함께 싱가포르에서 처음으로 2017년 2월부터 8월까지 전선 타래 놀이 거리(Cable Spool Playstreet)를 운영했다. 협회는 어린이의 자기 관리, 비만과 스트레스 해소를 목적으로 보다 안전하고 재미있는 공간으로 싱가포르 놀이 거리를 정기적으로 운영해왔다. 이 프로그램의 일부로 싱가포르 동해안 공원 잔디밭에 전선 타래 8개와 송판을 자유롭게 이용하도록 놓아둔 전선 타래 놀이 거리가 등장했다. 전선 타래는 아이들의 눈길을 끄는 밝은 색으로 칠했고, 지정한 날짜에 누구나 자유롭게 배치하고 움직여서 간단한 놀이 구조물을 만들 수 있도록 했다. 아이들은 전선 타래에 송판을 걸쳐 놓고 올라가거나 전선 타래 사이에 송판을 놓아 균형대를 만들어 놀기 시작했다. 아이들은 완성된 놀이 기구가 아니더라도 자유롭게 가지고 놀 재활용 자재만 있어도 놀이터를 만들어낸다.

스페인 마드리드 건축학과 출신의 예술가 그룹 바수라마(Basurama)는 주로 쓰레기를 이용해서 다양한 놀이 기구를 만든다. 이들은 잡동사니와 쓰레기를 이용한 놀이 기구 제작과 디자인의 놀라운 가능성을 보여준다. 이들역시 전선 타래를 즐겨 사용한다. 바수라마는 2014년 브라질 상파울로 지역 어린이와 청소년이 놀 수 있도록 전선 타래와 밧줄 그물을 이용해서 멋진 팝업 놀이터를 만들었다. 전선 타래에 여러 색으로 문양을 그렸고, 두세

쏘우밀 ACE 리더쉽 고등학교 운동장의 팝업 놀이터(위).

단으로 쌓아 간격을 띄워 배치한 전선 타래에 그물을 걸어 해먹처럼 만들었다. 이 위에서 사람들은 누워 쉬거나 엉금엉금 기어오르며 놀았다.

전남 광주에서 청소년 활동을 하고 있는 하정호도 바수라마로부터 자극을 받아 2016년 광주 비엔날레 시민 참여 전시의 일부로 전선 타래와 그물을 이용해 임시 놀이터를 만들었다. 그물을 연결한 전선 타래는 아이들이 그물로 올라갈 때 넘어질 수 있기 때문에 단단히 바닥에 고정했다. 야적장에서 구해온 전선 타래는 표면이 거칠기 때문에 칠을 하기 전에 충분히 사포질을 했다. 그는 재활용 자재를 활용하면 비용을 절감할 수 있지만 이웃과 청소년들, 지역 작가들의 참여와 봉사가 필수라고 말한다.

바수라마 그룹이 만든 전선 타래와 그물을 활용한 팝업 놀이터.

폐드럼통 놀이터

지금은 고인이 된 사무엘 목비(Samuel Mockbee)는 나를 재활용 건축의 세계로 이끈 건축가다. 그를 처음 알게 된 것은 2005년에 국내 출간된《희망을 짓는 건축가 이야기》를 통해서다. 나는 이 책의 영향을 받아 장흥 시골집 일부를 재활용 자재로 지었다. 사무엘 목비는 앨라배마주 오번 대학의 건축 과정으로 운영되는 루럴 스튜디오(Rural Studio)를 지도하며 가난한 이들을 위한 다양한 재활용 건축을 구현했다. 그가 살아 있는 동안 루럴 스튜디오는 재활용, 재사용, 재창조의 정신을 확립한 것으로 유명하다. 루럴 스튜디오는 가난한 사람들도 좋은 디자인의 이점을 누리고 건축 교육을 받을 권리가 있다는 점을 강조했다. 지금까지 루럴 스튜디오는 170개 이상의 프로젝트를 진행했고, 800명이 넘는 시민 건축가를 교육했다.

재생 드럼통 2,000개로 만든 라이온스 공원 놀이터(Lions Park Playscape)도 루럴 스튜디오의 프로젝트 가운데 하나다. 드럼통을 재활용할 때는 드럼통에 유해한 물질을 담았었는지, 충분히 씻었는지를 확인해야 한다. 이 프로젝트에서 사용한 드럼통은 민트 허브 오일을 운반하는 데 쓴 아연 도금 강철 드럼이었다. 루럴 스튜디오의 학생들은 드럼통을 용접해서 다채로운

라이온스 공원의 폐드럼통을 재활용한 놀이터.

미로를 만들었다. 그리고 내부에 소리관, 그네, 정글짐, 숨을 수 있는 공간, 기복이 심한 표면을 만들었다. 또한 드럼통으로 차양을 만들어 놀이터 안이 그늘지도록 했다. 라이온스 공원 놀이터는 신체 활동에 초점을 맞춰 설계했지만, 여기에 더해 색채, 모양, 소리 등 인지 능력과 정서 발달을 통합하고자 했다.

강철 드럼통보다 다루기 쉬운 프라스틱 드럼통도 종종 재료로 쓰인다. 드럼통 자동차, 놀이 터널, 그네, 야외 타악기를 만들 수 있다. 단, 드럼통을 재활용할 때는 깨끗한 것을 구해야 한다. 고물상에서 구할 수 있는 드럼통은 대개 녹슬거나 오염되거나 페인트가 벗겨져 있다. 드럼통을 많이 사용하는 기업체에서 깨끗한 드럼통을 기부 받을 필요가 있다. 라이온스 공원 놀이터는 식품 기업으로부터 깨끗한 드럼통을 기부 받아 만들었다.

흄관을 활용한 놀이 터널

아이들이 동굴과 같은 공간을 좋아하는 이유는 인류가 혈거인의 후예이기 때문일 것이다. 아이들에게는 혈거인의 본능이 남아 있을지 모른다. 유전적 이유도 있을 것이다. "사람과 쥐의 유전자는 약 99퍼센트가 흡사하다. 80퍼센트는 아주 똑같고 서로 일대일 대응을 이룬다. 사람과 쥐는 약 3만 개의 동일한 유전자를 가지고 있다. 이 가운데 불과 단 3백 개의 유전자만 다르다." 메사추세츠 케임브리지 화이트헤드 연구소장 에릭 랜더가 한 말이다. 아이들이 하수관이나 파이프 안으로 기어 들어가 웅크리거나 뛰어다니며 놀기 좋아하는 이유가 바로 인간과 쥐의 유전적 유사성 때문일지도 모른다. 이것은 나만의 지나친 억측일 수 있다. 그 진실이 어찌되었든 아이들은 약간 어둡고 긴 동굴 같은 공간을 조금은 긴장한 채 탐색하고 동굴의 울림을 즐긴다. 반드시 어두운 동굴일 필요는 없다. 긴 관통형의 공간이라면 밝고 환한 곳이라도 아이들은 직감적으로 터널의 끝에 나타날 다른 세상을 상상한다. 터널은 다른 세계로 연결하는 통과의례의 공간이 된다.

요즘 새로운 놀이터마다 크든 작든 놀이 터널을 만든다. 만약 적은 비용으로 놀이 터널을 만들고자 한다면 버려진 하수관, 대형 흄관, FRP 물탱크를 재활용할 수 있다. 대형 흄관은 자가 제작 놀이터나 농장 놀이터, 모험 놀이터를 만들 때 자주 사용하는 재활용 자재다. 흄관은 놀이 터널 외에도 튜브형 미끄럼틀, 그네, 굴림통 등 다양한 놀이 기구로 사용할 수 있다.

앞서 소개한 사례들처럼 폐타이어, 전선 타래, 드럼통, 흄관은 부족한 형

대형 프라스틱 하수관을 아이들이 놀이 공간으로 이용하고 있다.

편에도 불구하고 우리가 아이들을 위한 놀이터를 만들려 작정한다면 부족하지 않은 재료들이다. 우리는 주변에서 다양한 잡동사니들을 놀이터로 가져와서 놀이 기구로 만들 수 있다. 허술하고 어설픈 놀이터라도 걱정할 필요는 없다. 아이들은 놀이터에서 애초부터 완벽함이나 세련미를 요구하지 않는다. 단지 즐겁고 재미있게 놀고 싶을 뿐이다. 놀이터를 완성하는 것은 멋진 놀이 기구가 아니라 아이들의 상상과 놀이 활동이다. 우리들은 아이들이 자유롭고 즐겁게 놀 수 있는 놀이 공간을 만들 의무가 있다. 만약 이 의무를 다하지 않는다면 우리가 어린 시절 누렸던 환상과 즐거움을 다음 세대로 전달하지 못할 것이다. 환상과 즐거움을 경험하지 못한 세대에게 희망을 기대할 수는 없다.

13

나타났다 사라지는
팝업 놀이터

갑자기 나타났다 사라지는 놀이터가 늘어나고 있다. 이른바 팝업 놀이터다. 팝업에서 우리는 가벼움, 빠름, 순간을 쉽게 떠올린다. 팝업 놀이터는 빠르게 만들 수 있고 빠르게 해체할 수 있는 놀이터다. 이 놀이터의 놀이 기구는 콘크리트나 철제보다는 재활용 자재나 의상, 천, 미술 용품 등 가볍고 값싼 재료들로 만든다. 만들기도 쉽다. 일정 기간 임시로 놀이터였던 공간은 본래의 모습으로 돌아간다. 놀이 기구들을 다른 곳으로 옮기거나 보관할 수 있다. 이런 이유로 팝업 놀이터는 행사를 위한 활동이나, 천편일률적인 상설 놀이터에서 놀이 활동을 강화하기 위한 방법으로 열린다. 또한 놀이터 부지를 확보하기 어렵거나 놀이터 조성과 관리 비용이 부족할 때 아이들에게 놀이 활동 공간과 놀이의 기회를 제공할 수 있는 효과적인 대안으로 여겨지고 있다.

  팝업 놀이터가 최초로 등장한 곳은 2010년 뉴욕 시의 차 없는 거리 행사장이었다. 상업적 마케팅을 흉내 낸 이벤트에 가족들을 모으기 위한 부대 행사 정도였다. 그런데 팝업 놀이터가 의외로 큰 인기를 얻자 미국 전역의 도시들은 물론 전 세계 곳곳으로 퍼져나갔다. 한국에서는 2012년 서울 영등포 하자센터에서 '움직이는 창의 놀이터'를 통해 본격적으로 소개했다. 이 놀이터는 하자센터에 입주해 있던 놀이 단체 '청개구리'가 민관 산학 협동으로 한국 암웨이의 지원을 받아 시작했다. 이후 서울시 광장, 서울혁신파크, 어린이대공원은 물론 곳곳에서 지자체의 후원과 아동 놀 권리에 대한 사회적 관심에 힘입어 활발히 열리고 있다. 하지만 여전히 어린이날이나 특정 행사의 부대 행사 정도로 활용하고 있는 실정이다.

팝업 놀이터를 더욱더 확산시킬 필요가 있다. 고정 놀이터보다 가변적이고, 아이들이 주도할 수 있는 놀이 활동에 대한 요구가 늘고 있기 때문이다. 어디나 똑같은 기존 마을 놀이터를 바꾸기 위한 경제적이고 현실적인 대안이 될 수 있다. 팝업 놀이터는 도시 유휴 공간을 임시로 공공장소로 만들고, 더 나아가 도시에 활력을 불어넣는 도시 재생 방법이기도 하다.

놀이버스 스필바겐

뉴욕에 처음으로 팝업 놀이터가 등장하기 전, 독일 베를린의 프리드릭스하인 크로이츠베르크에서는 1989년부터 지역 부모들이 수레에 임시 놀이 기구를 싣고 놀이 활동을 시작했다. 1991년에는 놀이 수레 활동을 모태로 해서 발전한 놀이버스협회(Spielwagen 1035 eV)를 만들었다. 놀이버스는 놀이 시설이 부족한 곳을 찾아다니며 아이들에게 놀이 기회를 제공하는 이동 놀이 서비스다. 협회 설립 뒤 지금까지 27년 동안 언제 어디서나 버스에 실을 수 있고, 어디나 설치할 수 있는 임시 놀이 기구와 다양한 놀이 방법을 개발

해왔다. 놀이버스는 대부분 야외에 놀이터를 펼치기 때문에 겨울을 제외한 3~10월에 도시의 주요 공원이나 학교를 매일 순회한다. 종종 특별한 행사에 초대받기도 한다. 놀이버스협회는 부모들과 학생들의 기부금으로 운영되며, 팝업 놀이터는 모든 어린이들에게 무료로 개방되고 있다.

　놀이버스가 제공하는 팝업 놀이들은 수많은 놀이 활동가에게 지대한 영감을 불러일으키고 있다. 놀이버스가 펼치는 팝업 놀이터 프로그램에는 늘 주제가 있다. 예를 들어 이렇다. 바람의 힘을 배우는 풍력 작업장 놀이. 가을 과일을 가지고 노는 과일 극장. 찰흙으로 만드는 자전거 길. 합판과 각재로 만드는 기찻길 놀이. 조립 해체가 가능하고 기어나 도르래 위치를 변경하며 기계의 기본적 원리를 파악할 수 있는 기아 도르래 놀이. 배관 연결, 피스톤 펌프, 용두레 펌핑 등 다양한 물 관련 도구를 가지고 놀며 자연스럽게 수리 관계 기술을 이해할 수 있도록 하는 배관 펌핑 놀이. 아주 간단하게 한 개의 막대와 몇 개로 나눈 천막으로 그늘을 만들 수 있는 간이 천막 놀이. 인간 굴렁쇠 놀이. 스펀지로 물 옮겨 담기 경주. 동화 구현 놀이. 다양한 장애물 놀이. 온갖 잡동사니로 만든 자동차 경주. 공원에 띄운 재활용품으로 만든 뱃

놀이버스는 다양한 팝업 놀이 기구와 재료들을 싣고 다닌다.

놀이, 롤러 슬라이드 놀이, 어린이 올림픽 게임 놀이 등.

　놀이버스의 팝업 놀이터를 가만히 살펴보면 미리 만든 놀이 기구를 설치하기도 하지만, 대개는 아이들에게 주제를 제시하고 주제에 맞는 놀이 기구를 만들 재료를 제공한다. 아이들이 스스로 주제에 맞는 놀이 기구와 공간을 만들어 놀 수 있도록 이끄는 것이다. 단지 아이들을 놀이 기구의 이용객으로만 남겨두지 않는다. 아이들이 놀이터의 창조자이자 시공자, 사용자가 되도록 한다. 자연스럽게 그 과정에서 아이들은 주제와 관련한 다양한 정보와 지식을 습득한다. 물론 아이들이 만든 놀이 구조들은 허접해 보이거나 부실하다. 하지만 아이들은 놀라운 상상을 덧붙이며 환상의 세계로 빨려 들어간다. 놀이터의 재미는 세련미에 있는 것이 아니다. 놀이의 자유와 아이들의 상상이 재미의 기초다.

홍크 팝업 플레이

홍크 팝업 플레이(Honk Pop up Play)는 호주 전역의 축제나 크고 작은 행사장에서 팝업 놀이터 서비스를 제공하고, 재활용품을 이용한 놀이터 만들기에 대해 자문을 하는 단체다. 이들은 어린이 주도의 놀이 경험을 장려하며, 다른 사람들에게 놀이에 관한 도움을 주는 것을 사명으로 삼고 있다. 특히 모든 아이들이 자연물, 재활용품, 재생 재료로 놀이 경험을 쌓을 수 있는 놀이 시간과 공간을 마련하도록 필요한 지원을 하고 있다. 홍크의 팝업 놀이터에서는 미리 정의하거나 구조화하지 않은 일반 재료를 사용해서 아이들이 움직이고, 쌓아 올리고, 줄을 서고, 줄을 치고, 집어넣으며 주체적으로 놀 수 있다. 아이들은 창의력을 발휘하고, 문제를 해결하고, 위험 회피를 실험할 수 있다. 아이들 옆에서는 간섭하지 않지만 안전하게 놀 수 있도록 돕는 놀이 활동가들이 함께한다. 유사 단체인 팝업 어드벤처 플레이그라운드는 제작 놀이 활동을 강조하는 모험 놀이터의 영향을 받아 더욱 어린이 주도성을 중요하게 생각하고 있다. 반면 국내 팝업 놀이 프로그램들은 이동 설치 가능한 놀이 기구에만 지나치게 기우는 경향이 있다.

팔레트와 프라스틱 타래를 이용해 자동차 놀이를 하고 있는 아이들.

중국 안길시 유치원의 놀이 교육에 관한 영상을 보고 깜짝 놀랐다. 이 영상은 "놀이 혁명은 시작되었다"라는 자막과 함께 끝난다. 이 유치원생들은 실내에서만 꼬물대지 않는다. 아이들은 모두 유치원의 뜨락으로 나와 땅을 파고, 사다리를 걸고, 드럼통을 굴리고, 불장난을 하고, 나무 블록이나 송판으로 장애물이나 구조물을 만든다. 안지요시(安吉游戏)로 알려진 이 놀이 교육 방법은 몬테소리와 프뢰벨의 교육 철학으로부터 영향을 받은 중국 안길시의 유아 교육 감독이자 교육자인 쳉커진에 의해 16년 전부터 시작되었다. 이 놀이 방법을 채택한 안길시의 공공 유치원이 벌써 130곳이다. 14,000명의 유아들이 이러한 혁신적인 놀이 환경을 즐기고 있다.

안지요시를 채택한 유치원에서 아이들은 놀이 장소와 재료, 사용 방법, 놀이 규칙을 스스로 결정할 수 있다. 선생님과 부모는 결코 개입하거나 지도하지 않는다. 관찰자나 긴급한 위험에 대처하는 역할에 머문다. 아이 스스로 위험을 파악하고 능력을 가늠해서 자기 통제할 수 있도록 유도한다. 급변하는 세계에서 문제 상황을 파악하고 창조적으로 행동하는 능력보다

안지요시 유치원생들이 사다리와 송판, 매트로 장애물 길놀이 구조를 만들며 놀고 있다.

더 중요한 것은 없다는 점을 강조한다.

이곳에서는 아이들에게 마트에서 살 수 있는 인형이나 장난감을 주지 않는다. 대신 사다리, 송판, 나무 블록, 드럼통, 매트, 놀이 큐브, 삽, 화분, 밧줄, 물통, 타이어, 물 호스 등 실생활에서 쉽게 접할 수 있는 재료와 도구를 준다. 아이들에게는 하루 최소 2시간 이상의 자유로운 놀이 시간이 허용된다. 아이들은 실생활 도구와 재료를 가지고 자신들의 상상이 이끄는 대로 다양한 놀이 구조와 공간과 기물을 만든다. 이 과정에서 다양한 기술과 사회적 소통 능력, 협력의 방법을 터득한다. 안지요시 유치원의 마당은 흙, 모래, 나무, 화덕, 웅덩이, 둔덕, 돌 바닥, 벽돌 바닥 등 다채롭다. 이곳에서 아이들은 자기 손으로 다양한 재료들을 가지고 나와 순식간에 팝업 놀이터를 만든다. 무엇보다 나를 감동시킨 장면은 아이들이 대나무 사다리와 송판, 매트, 드럼통으로 장애물 놀이터를 만들며 노는 모습이었다. 물론 이러한 놀이 교육 방법은 초기에는 부모들로부터 극심한 반대에 부딪혔다. 하지만 부모들을 설득하기 위한 다양한 프로그램을 통해 극복했다. 현재 안지요시는 국제적으로 인정받은 조기 교육 과정이다.

언제부터인가 한국에서는 팝업 놀이터조차 어른들이 제공하는 이벤트성 임시 놀이 기구 서비스로 축소되는 듯하다. 안지요시는 물론이고 앞서 소개한 유명한 팝업 놀이터들은 이동 조립과 해체, 경량성, 경제성이라는 이점을 넘어서 아이들의 자기 주도성을 강조하는 모험 놀이터를 닮아가고 있다. 팝업 놀이터는 아이들에게 놀이의 주도권을 돌려주는 팝업 모험 놀이터로 나아가야 한다.

1. 장대 타이어 오르기 2. 파이프 드럼 3. 냄비 소리 부엌 4. 사다리 놀이 5. 욕조 자동차 6. 폐타이어 자동차 7. 손수레 경주 8. 바퀴 요트 경주 9. 소꿉놀이 10. 낮은 줄타기 11. 숨바꼭질 12. 진흙탕 놀이 13. 낮은 스케이트보드 14. 하수관로 터널 15. 타공 놀이 터널 16. 박스 터널 17. 비닐 터널 18. 낮은 인공 언덕 19. 파이프 미로 20. 이동식 수직 미로 박스 21. 목마 경주 22. 줄타기 놀이 23. 대형 줄뜨기 24. 나무 피라미드 25. 고깔 팽이 26. 길거리 체스(바둑, 장기) 27. 땅바닥 보드게임 28. 팔레트 아지트 29. 볏짚 뜀틀 30. 물 관 공놀이 31. 원형 탁구 32. 간이 그네 33. 타이어 시소 34. 자전거 시소 35. 재활용 실 거미줄 정글 36. 그물막 텐트 37. 다빈치 나무 다리 38. 스타 돔 39. 지관 상호 지지 구 조 40. 인디언 티피 41. 비닐 공기 주머니 놀이 공간 42. 나무 벽돌 아치 쌓기 43. 박스 건축 44. 비누 거품 미끄럼틀 45. 비누 거품 놀이.

14

위험을 허락한
파쿠르 놀이터

안전한 놀이 기구는 신화다. 놀이 기구를 안전하게 만들면 사고가 나지 않을 것이란 믿음은 사실과 다르다. 안전한 놀이터에서도 아이들은 창조적으로 위험하게 놀기 때문이다. 나는 어릴 적 꽤나 사고뭉치였다. 높은 곳에서 뛰어내리고, 가파른 교회 지붕에 몰래 올라가고, 철망을 넘어가고, 위험한 공사장에서 놀고, 폭 넓은 개울을 뛰어넘었다. 미끄럼틀을 거꾸로 뛰어 오르고, 그네를 최대한 흔든 뒤 멀리 튀어나가듯 뛰어내렸다. 나만 그랬을까? 아이들은 안전한 놀이 기구일지라도 다양한 방법으로 스릴과 위험에 도전한다.

일본 놀이터 디자인의 선구자인 미츠루 센다는 〈어린이의 놀이와 학습을 위한 공공 공간의 안전〉에 관한 논문을 발표했다. 안전에 관해서 그는 "위험은 명확히 드러나 있거나 숨어 있다. 유지 관리의 근본적인 중요성은 숨은 위험을 제거하는 데 있다. 큰 사고를 예방하는 것을 배우기 위해서는 작은 사고를 경험하는 것이 중요하다"라고 주장한다. 노르웨이의 엘렌 선세터 박사와 그의 동료 리에프 케나일 교수는 "아이들은 위험에 직면하고 놀이터에서 두려움을 극복할 필요가 있다. 등반 놀이 기구는 충분히 높을 필요가 있다. 만약 그렇지 않다면 대체로 쉽게 지루해 할 수 있다"라고 주장한다. 또한 "9세 이전에 낙하 사고를 경험한 아이는 오히려 고소공포증을 덜느끼게 된다"라는 연구 결과를 발표했다.

놀이터에서 점차 더 많은 위험에 직면하면서 아이들은 공포를 이겨낸다. 이런 까닭일까? 유럽을 중심으로 북미까지 세계 곳곳에서, 한국의 부모들이라면 분명히 기겁할, 위험이 명백히 드러난 파쿠르(Parkour) 전용 놀이터가 속속 등장하고 있다. 최근에는 파쿠르 코스(Parkoure Course), 닌자 코스(Ninja Warrior Course), 장애물 코스(Obstacle Course) 등으로 이름을 달리하며 상업적인 익스트림 스포츠로 변화하고 있다.

파쿠르, 이동의 예술

파쿠르는 위치 이동의 예술 또는 돌진의 예술이라고 불리는 스포츠다. 프리러닝(Freerunning)이라고도 부른다. 때때로 영화에 혈기왕성한 청년들이 건물 옥상을 건너뛰거나 높은 담장을 오르고 계단에서 뛰어내리는 따위의 묘기를 본 적이 있을 것이다. 파쿠르는 1980년대 9명의 청년 그룹이 처음 소개했다. 파쿠르라는 이름은 1998년 청년 그룹의 일원이었던 데이비드 벨레(David Belle)가 처음으로 썼다. 파쿠르는 경로, 과정을 뜻하는 프랑스어 파쿠오(Parcours)에서 유래했다. 프리러닝은 2003년 프랑스 방송국 채널4가 제작한 〈점프 런던〉이라는 다큐멘터리에서 프랑스 실무자 기윰 펠르치(Guillaume Pelletier)가 사용했다. 프랑스어를 모르는 영국 시청자들에게 파쿠르를 이해시키기 위해서 만든 말이다.

파쿠르는 달리기, 뛰기, 오르기, 포유류처럼 네발 달리기 등 체력적, 신체적 기능을 자유롭게 이용해 모든 지형지물을 통과하거나 이동하는 비경쟁적 운동이다. 파쿠르는 체력, 균형, 공간 인식, 민첩성, 조정 능력, 정밀성, 절제와 신체적 기능을 개발하는 데 초점을 둔다. 고난이도 코스를 통과할 수 있도록 자기 계발과 향상을 위한 훈련을 독려하고, 신체적, 정신적 한계를 발견하는 동시에 극복할 수 있는 방법을 제시하는 스포츠다. 뿐만 아니라 위험과 도전 과제 앞에서 자신감, 결단력, 자기 단련과 자립심, 자기 행동에 대한 책임감을 키우는 것을 목표로 한다. 사회적으로 겸손, 타인 존중, 환경, 자기 표현, 공동체 정신, 놀이, 발견, 안전의 중요성을 항상 강조한다.

무엇보다 파쿠르는 부상 위험이 상당히 높은 스포츠다. 따라서 파쿠르 참

파쿠르 공원의 콘크리트 벽을 도약하며 오르는 청소년들.

가자들은 위험을 인식하고 받아들이며 자신의 행동과 도전에 책임을 질 것을 요구받는다. 위험한 만큼 전문 훈련 단체의 전문가들이 지도하는 단계적인 훈련을 거쳐야 한다. 뿐만 아니라 영국은 파쿠르 놀이터의 설비와 안전을 규정하는 'Parkour EN 16899'라는 표준 규제까지 마련하고 있다. 파쿠르 시설은 도전을 위한 위험은 노골적으로 드러내지만 숨겨진 위험은 제거한다고 볼 수 있다. 대부분의 파쿠르 공원에서는 경험이 풍부한 파쿠르 전문가가 통제한다.

파쿠르 놀이 시설은 주로 철골, 철근, 콘크리트 벽, 고무로 만든 다단 기둥에다 다른 재료와 자연 요소를 결합해서 다양한 장애물과 도시 환경을 모사한다. 낙하 위험이 높기 때문에 바닥 표면을 영국의 경우 'BS EN 1177' 규정을 준수해서 충격을 완화할 수 있는 고무나 그 밖의 재질로 만든다. 참고로 파쿠르 놀이터의 표지판에는 긴급 연락처, 웹사이트 주소, 소유자 및 운영자의 연락처, 안전 지침 등이 적혀 있다.

학교 운동장의 파쿠르

파쿠르를 청년들이나 청소년들이 즐기는 위험하고 무모한 비행 정도로 오해할 수 있다. 만약 초등학교 운동장에 파쿠르 시설이 있다면 어떨까? 한국의 학부모와 교사라면 경악할 것이다. 덴마크 비보 지역의 비스타(Vestre) 학교는 최근 위험천만한 파쿠르 놀이 시설을 학교 운동장 안에 만들었다. 그뿐 아니다. 저학년 아이들에게 스트리트 아레나(Street Arena)라는 파쿠르 전문가들을 불러 시범 수업을 했다. 한국이라면 상상조차 어려울 것이다.

덴마크 오르후스의 스코으(Skade) 학교 운동장에도 파쿠르 놀이터가 들어섰다. 이 파쿠르 놀이터는 독특하게 놀이, 역동적인 신체 활동, 레크리에이션을 섞었다. 뿐만 아니다. 파쿠르 놀이터임에도 불구하고 노인들과 소녀들을 대상으로 한 활동을 촉진하는 데 중점을 두었다. 이 놀이터는 축구뿐만 아니라 다른 유형의 신체 활동에 적합한 다용도 영역을 만들었다. 전체 구역이 일관된 공간으로 묶여 있고, 새로운 형태의 역동적인 신체 활동과 사회적 상호 작용이 조화를 이루도록 설계했다. 공원에는 저학년 어린이들에 맞춰 등반 벽, 등반 및 술래잡기를 위한 큐브, 사교를 위한 레크리에이션 공간을 만들었다.

덴마크 비보 지역의 비스타 학교에서 진행한 파쿠르 시범 수업.

뉴욕 놀란 공원의 팝업 파쿠르

뉴욕 놀란 공원(Nolan Park)에 눈길을 끄는 파쿠르 놀이터가 등장했다. 이 놀이터는 상설 놀이터가 아니라 임시로 만든 팝업 파쿠르 놀이터다. 이 놀이터는 무브먼트 크리에이티브(The Movement Creative)라는 스포츠 전문 집단이 진행하는 팝업 파쿠르 플레이스케이프(Pop-up parkour playscape) 프로젝트였다. 자신들을 유목 운동 스튜디오로 소개한다. 무술, 요가, 파쿠르, 미용 체조, 춤, 원시 기술 수업을 체육관과 놀이터를 옮겨 다니며 한다. 때때로 명상, 종이접기, 보드게임, 도시 스케치 등 다양한 놀이 문화 프로그램도 함께하는 독특한 집단이다. 운영을 위해 기부도 받고 기념 셔츠나 다양한 팝업 용품, 기구를 판매한다. 놀란 공원의 팝업 파쿠르 프로젝트는 마을에 있는 기존 공원에 임시로 팝업 파쿠르 놀이 시설을 설치해서 마을에 놀이의 활력을 더한 것이 특색이다. 단지 놀이 시설만이 아니라 식사 공간, 작업 공간, 쉴 수 있는 좌석과 라운지 공간까지 임시로 설치했다. 이때 설치

뉴욕 놀란 공원의 조립 목재로 만든 파쿠르 놀이터 구조물.

한 팝업 시설의 주요 부분은 크게 네 가지였다.

❶ 캔버스 차양 : 간격을 달리하며 캔버스를 파이프에 밧줄로 연결해서 햇볕을 막을 수 있는 차양.

❷ 파이프 구조 : 아연 도금 파이프와 클램프로 구성한 매달리고 흔들어도 견딜 정도로 튼튼한 놀이 구조.

❸ 해먹 : 지역의 섬유 디자이너가 제작한 앉거나 누워 쉴 수 있고, 뛰고 넘고 밟아도 될 정도로 강도가 높은 해먹.

❹ 목재 구조 : 12×12 크기의 튼튼한 장애물 놀이 시설. 여기에 앉아서 먹고 마시고 놀 수 있다.

모든 연령대를 위한 펜저 액션 파크

캐나다 브리티시컬럼비아주의 랭글리 시에도 모든 연령대를 위한 파쿠르 놀이터인 펜저 액션 파크(Penzer Action Park)가 2017년 7월에 들어섰다. 과거 이 공원에는 익스트림 점프와 자전거, 초원 달리기를 위한 시설이 있었는데, 충분치 않다고 느낀 시가 더욱더 위험하고 스릴 넘치는 시설을 추가했다. 어린이를 위한 소규모의 인조 암반과 밧줄, 그물을 이용한 파쿠르 구역을 만들었고 바닥에는 작은 나무 조각을 충분히 깔았다. 그밖에도 다양한 정규 크기로 등반 벽과 균형대 등 파쿠르 코스를 만들었다. 다른 한쪽에는 스케이트보드를 타고 놀 수 있는 콘크리트 점프 공간을 만들었다.

아이러니하게도 한편에서는 지나칠 정도로 안전을 강조하며 놀이터를 재미없게 만들고 있고, 다른 한편에서는 파쿠르 놀이터가 늘어나고 있다.

캐나다 브리티시컬럼비아주 랭글리 시의 펜저 액션 파크.

캐나다 밴쿠버의 하스팅즈 파크(Hastings park), 스웨덴의 예블레(Gavle) 파쿠르 공원, 스페인의 마드리드 파쿠르 공원, 미국 댈러스의 해들리스(Hadleighs) 파쿠르 공원, 인도 뉴델리의 드와르카(Dwarka) 파쿠르 공원이 대표적이다. 덴마크에는 수많은 파쿠르 공원이 있다.

한국에서는 놀이터의 정글짐조차 위험하다는 이유로 점점 학교 운동장에서 없애는 추세고, 마을 놀이터에서는 좀처럼 찾기 어렵다. 어릴 적 철망 담장을 묘기 부리듯 돌면서 뛰어넘던 기억이 떠오른다. 또래 여자아이들이 박수를 쳐주면 우쭐하며 폼을 잡던 시절이었다. 물론 지금은 무거운 몸과 세월을 탓하며 상상만할 뿐이다. 한국에도 곳곳에 크고 작은 파쿠르 놀이터가 등장하길 기대하는 것은 시기상조일까? 2018년 서울 은평구에 있는 혁신파크에서 파쿠르 과정을 개설한 김지호는 "파쿠르는 일상에서 접하는 지형지물, 공간을 보는 새로운 눈과 감각을 갖게 한다"라고 말한다.

15

서양의
모험 놀이터

영국의 킹스턴 로즈 극장에서는 〈정크야드(Junkyard)〉라는 뮤지컬을 공연하고 있다. 이 뮤지컬은 브리스톨 지역에 있었던 1970년대 모험 놀이터가 배경이다. 이 뮤지컬은 학교에서 창조적 교육에 대한 지원 예산 삭감, 교사에 대한 압박감, 청소년에 대한 이해 부족, 진보적인 주장을 간과하는 정치와 교육 행정을 비판한다.

뮤지컬 〈정크야드〉 공연 장면.
1970년대 영국 교외의 모험 놀이터를 배경으로 삼고 있다.

모험 놀이터를 배경으로 뮤지컬이 등장할 정도로 영국에서 모험 놀이터는 대중적이다. 모험 놀이터는 2차 세계대전 뒤 영국의 교외 지역에서 흔히 겪는 사회적, 교육적 문제를 해결하기 위한 시민들의 자구책이었다. 뮤지컬은 당시 모험 놀이터가 공동체를 지켜내기 위한 투쟁의 현장이자, 청소년의 자율성과 협동 정신, 창조력을 기르고, 사회에서 밀려나는 사람들을 포용하기 위한 조치였다는 것을 말한다. 70년대의 모험 놀이터를 회고하면서 뮤지컬은 오늘날 청소년의 미래를 위한 노력이 간단치 않고 복잡하며, 공동체 사업과 예술의 개입이 필요하다고 얘기한다.

영국 모험 놀이터의 제도화와 저항

영국에서는 모험 놀이터를 1940년대 후반에서 1950년대 초반에 '잡동사니 놀이터'란 뜻을 가진 정크 플레이그라운드(Junk Playground)로 불렀다. 대다수의 잡동사니 놀이터는 지역의 자원봉사자들과 부모들이 만들었다. 이들은 아이들에게 창조적 자극을 줄 수 있는 놀이 공간이 필요하다는 믿음을 갖고 있었다. 뒤를 이어 정부가 어드벤처 플레이그라운드(Adventure Playground)로 이름을 바꾼 모험 놀이터에 참여했다. 1970년대에는 런던의회가 모험 놀이터를 직접 운영하거나 간접적으로 지원하기 시작했다. 지금까지 독립적으로 운영하는 모험 놀이터들도 런던의회와 협력하고 있다. 부분적으로 기금을 받으며, 자원봉사관리위원회의 지도를 받는다.

영국의 모험 놀이터들은 정부 지원에 의존하면서 갈등을 겪었다. 1974년에 건강안전법이 제정되자 지방정부는 모험 놀이터에 대해 의문을 갖기 시작했다. 관료들이 보기에 모험 놀이터는 잠재적 위험 요소가 산재해 있었기 때문이다. 안전 사고가 나면 소송 비용을 고스란히 지방정부가 부담해야 했다.

1984년 영국 정부는 놀이위원회를 조직했다. 전문성을 지닌 하나의 우산 조직 아래 대다수 놀이 관련 단체들과 모험 놀이터를 운영하는 지역 단체들을 관장하기 위해서였다. 놀이위원회에서는 학교 밖 아이들의 활동을 위한 지역 정책과 놀이 정책을 수립하고, 지역 놀이 활동가들의 전문성을 강화하고자 했다. 더 나아가 놀이 활동에 관한 국가적 표준을 세우고자 했다. 놀이위원회를 구성한 뒤 3년 동안 민간 분야의 놀이 기금을 조성하고 정부 지원을 늘렸다. 하지만 점차 정부의 영향력이 커지면서 지역 사회의 유산이었지만, 국가 표준에 비하면 열악했던 모험 놀이터들이 사라져갔다. 게다가 1987년 중앙정부가 부담하던 도시 프로그램 기금이 없어지면서 지방정부가 놀이터에 대한 모든 비용을 떠맡게 되었다. 지방정부의 예산이 대부분 삭감되던 때였다.

1989년 아동법은 어린이 보호 정책을 강화했다. 아동법은 모험 놀이터에 어린이의 출입을 관리하도록 강제했다. 1998년부터 영국의 어린이 보호 정책은 놀이터에 오는 어린이들을 등록하도록 제도화했다. 놀이터를 떠날 때 아이들은 반드시 등록한 보호(대리)인이나 보호자와 함께해야 했다. 그 결과 자유롭게 오갈 수 있었던 모험 놀이터는 보호자 없이는 오갈 수 없는 곳이 되어버렸다. 그러자 아이들의 자유로운 놀이 권리와 놀이터 출입이 중요하다고 생각한 모험 놀이터들이 이러한 정책에 저항했다. 영국의 대표적 놀이 단체인 런던 플레이(London Play)는 저항의 표시로 매년 자유롭게 출입할 수 있는 모험 놀이터를 선정해 상을 주고 있다.

2003년 런던에서 활동하고 있던 14개 놀이터 시민 단체들이 런던놀이협회(London Play Association)로 결집했다. 이 단체들은 각 자치구에서 활동하며 서로 협력해왔다. 런던놀이협회는 역동적인 자원봉사 조직이다. 이들은 아이들과 함께 활동하며 놀이터를 설계하고 만든다. 또 놀이 활동가들을 훈련하고 자치구를 상대로 로비를 벌인다. 지역 공동체의 놀이 프로젝트를 주관하기도 한다. 이 가운데 해크니놀이협회(Hackney Play Association)는 놀이터 디자인과 건축 팀을 운영하고 있다. 아이들이 놀이터 구조를 디자인하도록 자문하기도 한다. 창립한 지 30년이 된 런던 플레이는 런던 전역에서 놀이를 촉진하고 새로운 놀이 단체의 조직을 지원한다. 런던 이외에도 영국의 각 지역별로 다양한 놀이 단체들이 역동적으로 활동하고 있다.

지역 공동체의 거점이 된 모험 놀이터

영국에서도 한국처럼 젠트리피케이션이 문제되고 있다. 폭발적인 부동산 투기와 개발로 저소득 계층과 영세 상인들이 지역에서 내몰리고 있는 런던에서 유서 깊은 모험 놀이터들은 금싸라기 땅을 차지하고 있다. 이 때문에 모험 놀이터들은 늘 재개발 압력에 시달린다. 그럼에도 모험 놀이터들은 지역민과 다문화 주민, 다양한 계층 사이의 소통과 교류를 만들어가는 아주 급진적인 공유지 모델을 유지하고 있다.

1955년 개장 이래 지금까지 이어지고 있는 롤라드 모험 놀이터는 지역 사회에서 모험 놀이터가 어떤 역할을 해왔는지를 명확히 보여준다. 1964~1987년 영국에서 모험 놀이터는 지역 사회 지원 센터 역할을 대신했다. 모든 연령층 어린이들을 보호할 수 있는 시설이었기 때문이다. 롤라드 모험 놀이터의 리더였던 팻 터너(Pat Turner)의 노력으로 '5시 이후 1시간 (The One O'Clock Under Fives)'이란 프로그램을 의회가 지원하게 되었다. 방과 후 어린이를 보호하는 센터 역할 외에도 어머니 모임에서 연금 수령자를 위한 다과회, 문화 예술 행사까지 다양한 모임들이 모험 놀이터에서 생겨나기 시작했다. 모험 놀이터에서는 아이들의 지역 사회 봉사 활동을 지원하는 분위기가 만들어졌고, 지역민들은 모험 놀이터에 폐자재나 공구, 음식을 기부했다. 모험 놀이터는 자연스럽게 지역 공동체 활동의 거점이 되었다. 주목할 점은 모험 놀이터에 모인 사람들이 지역 정치에 두드러지게 관여하게 된 것이다. 주민들이 지역 정치의 방관자가 아니라 주체가 되기 시

롤라드 모험 놀이터의 놀이 활동가들과 자원봉사자들.

작한 것이다.

하지만 여론은 비판적이었다. 1976년 언론은 지역 정치에 적극적이었던 이즐링턴 지역의 모험 놀이터 활동가들을 비난했다. 이즐링턴 모험 놀이터가 진행했던 '정치 교육과 청소년'이라는 행사가 발단이었다. 이 프로그램은 청소년의 정치적 문맹을 해결하려고 기획한 프로그램이었다. 놀이 활동가들은 보수당 당원이 초청 인사가 되어 상을 받기로 한 행사에 아이들을 보내지 않았다. 오히려 인종 차별 반대 행사에 참여했다. 이즐링턴 모험 놀이터의 활동가들은 범좌파 캠프에 아이들과 함께 참여하기도 했다. 뿐만 아니라 외국인 놀이 활동가들을 배제하려는 극보수 집단인 국가전선(National Front)에 대항했다.

이처럼 영국에서 모험 놀이터는 1960~1980년대에 다양한 지역 사업과 연계해서 활동하는 거점이었다. 모험 놀이터에 모인 시민들과 활동가들은 어린이 중심 활동 학습 지원 프로그램, 도시 재생 프로젝트, 도심 빈곤 퇴치 프로그램, 일자리 창출 프로그램 등과 놀이 활동을 연계해 많은 지원을 받으며 활동 영역을 넓혀갔다. 그러나 1972년 런던 루이셤(Lewisham)의 모험 놀이터 관리자인 버나드 맥거번(Bernard McGovern)은 놀이 활동가들에게 지나치게 지역 공동체의 일들이 주어지는 것에 대해 비판적이었다. 놀이 활동가들이 놀이터 본연의 임무에 집중하지 못한다는 이유에서였다.

이러한 우여곡절에도 불구하고 여전히 영국에서 대부분의 모험 놀이터는 지역 사회의 거점이자 다양한 프로그램이 열리는 곳이다. 모험 놀이터는 시민들이 아이들에게 즐겁고 자유롭게 놀고 활동할 공간을 마련하고자 하는 노력이었고, 지역 공동체를 복원하는 정치적 기획이었다. 모험 놀이터는 지역 사회에서 단지 아이들의 놀이 공간 그 이상이었다. 한국에서도 모험 놀이터가 지역에서 시민 사회의 기획이 될 수는 없는 것일까?

캐나다의 모험 놀이터

1960년대 후반에 캐나다에도 모험 놀이터가 소개되었다. 모험 놀이터를 도입한 이들은 진보적인 교육자와 사회 활동가, 조경 건축가였다. 이들은 아이들에게 더 많은 야생의 공간과 탐험할 자유가 필요하다고 여겼다. 1974년 캐나다 토론토에 첫 번째 모험 놀이터가 등장했다. 배서스트 퀘이(Bathurst Quay) 모험 놀이터다. 이 모험 놀이터는 10년 동안 서로 다른 인종적, 계층적 배경을 가진 수천이 넘는 아이들이 찾아오는 곳이었다. 하지만 수변 지역을 개발하면서 사라졌다. 이 기간 동안 모험 놀이터에서 놀이 활동을 지도한 사회적 경험과 지식은 1980년대 구조화된 놀이 프로그램에 밀려나면서 함께 사라졌다.

1980~1990년대에는 보수주의, 국가주의, 개인주의가 사회 전반에 영향을 끼치기 시작했다. 그 결과 야외 공공 놀이 활동에 대한 사회적 지원과 관심은 크게 줄어들었다. 놀이터들은 입장료를 받는 상업 시설로 바뀌기 시작했고, 시 정부는 아주 작은 위험도 없애면서 놀이터를 표준화하기 시작했다. 안전 규제를 강화하면서 오래된 놀이터들은 모두 폐쇄되었다. 새로운 놀이 기구들은 거의 모두 6세 이하 어린이에 초점을 맞췄다. 놀이터에서 적절한 위험과 모험 요소들이 사라졌다. 한편 부모들은 "헬리콥터 부모"가 되어서 아이들 주변을 빙빙 돌면서 하루 종일 감시하기 시작했다. IT 기술 혁신의 영향으로 아이들은 학교나 집에서도 텔레비전이나 컴퓨터 모니터에

서 눈을 떼지 못했다.

21세기에 들어서면서 캐나다에서도 다시 야외 놀이의 중요성이 떠오르기 시작했다. 놀이와 관련한 이슈들과 절박한 주장들이 늘어났다. 어린이 비만, 활동 부족, 야외 활동 공포, 학습 장애, 행동 장애, 불안, 위축 등 리차드 루브(Richard Louv)가 언급한 자연결핍증후군이 사회 문제로 떠올랐다. 이러한 문제를 해결하기 위해 시급히 놀이 프로그램을 풍부하게 하고, 교육을 재구성하고, 공원과 놀이터를 혁신해야 한다는 주장이 늘어났다. 다시 아이들을 자연과 연결할 수 있는 모험 놀이터의 필요성이 커졌다. 어린이는

우드랜드 트라이브가 주최하는
삼발라 축제 기간 동안 숲속에 설치한 그물 놀이터.

어른을 흉내 내면서 자란다. 이때 구조적인 놀이와 자유로운 놀이의 균형이 어린이의 신체적, 심리적, 사회적 건강에 중요하다는 지적이 속속 제기되었다. 하지만 점점 더 아동기에 누려야 할 자유롭고 야생적인 활동이 사라지는 게 현실이었다. 그러자 어스데이 캐나다(Earthday canada), 샴발라 숲속 축제를 여는 우드랜드 트라이브(Woodland tribe) 등 새로운 팝업 모험 놀이터와 야외 활동이 늘어나기 시작했다.

영국, 독일 등 유럽 국가들과 캐나다에 등장한 모험 놀이터들은 도시에서 지역 공동체를 지원하고 청소년을 보호하는 등 다양한 사회 문제에 대한 시민적 대응이었다. 그 과정과 경험이 쌓여 수십 년 지역의 유산이 된 놀이터들을 우리는 그저 부러워해야만 할까? 우리 사회는 그 동안의 민주화 과정과 최근 10년 동안의 협동조합, 마을 만들기, 도시 재생을 경험하면서 이제 다시 지역 공동체, 지역 시민 사회에 대해 과거와 다른 시선으로 주목하기 시작했다. 마을 곳곳에 주민이 서로 만나고 협력하는 공동체의 거점이 될 모험 놀이터가 등장하기를 바란다.

영국 케임브리지 스피니 위스베크(Cambridge The Spinney Wisbech) 모험 놀이터는 케임브리지 야외 활동 단체와 케임브리지 지방정부 의회가 공동 운영하는 공공 모험 놀이터다. 낡은 정크선을 이용한 실내 공간, 전통적인 상설 놀이 기구 외에 건축 놀이, 물놀이, 진흙 놀이, 불놀이 등 다양한 팝업 놀이 프로그램을 진행한다. 공공 놀이터임에도 조금 지저분하고 어수선해 보이지만 시민들의 참여로 활력이 넘친다.

이곳을 이용하고자 하는 모든 어린이들과 청소년들은 회원 가입서를 제출해야 한다. 긴급한 상황이 발생할 경우 연락하기 위한 조치이다. 가입 원서에는 법적 보호자, 집 주소,

직장 주소나 연락처, 이메일, 인종, 건강 특이 사항, 개인 정보 이용 동의 등이 있다. 이용료는 무료. 이 놀이터는 온라인 뉴스레터와 소개 리플렛도 발행한다. 뉴스레터는 행사와 시설, 활동 규칙 등에 대해 소개한다. 어린이 안전을 위해 모든 직원들이 강화된 규정인 CRB/DBS 점검을 받는다. 일종의 범죄 기록 점검이다. 또한 직원들은 어린이 활동과 관련 있는 레벨 2 자격 인증을 갖고 있어야 한다. 보통 최소 2명 이상의 놀이 활동가가 상주한다. 물론 부모들과 자원봉사자들이 적극 참여한다. 모험 놀이터는 금, 토, 휴일에만 개방한다.

16

일본의
모험 놀이터

일본의 놀이터는 패전 뒤 미국의 영향을 크게 받았다. 재건 과정에서 일본은 미국 놀이터의 표준화된 4S를 그대로 가져 왔다. 그러나 통찰력 있는 조경가들과 건축가들에 의해 획일적인 4S 놀이터를 넘어서기 시작했다. 놀이에 대한 예리한 통찰력으로 대규모 놀이터를 조성한 미츠루 센다, 세계적으로 예술 놀이터와 놀이 전경의 선구지가 된 이사무 노구치, 유치원 실내 놀이터 디자인 분야에서 새롭게 떠오르고 있는 히비노세케이, 모던한 유타카 유치원 실내 놀이터 디자인으로 유명한 스가와라 다이스케, 후지 유치원으로 유명한 타카하루와 유이 테즈카 등이 일본의 대표적인 놀이터 디자이너들이다.

이들과 더불어 초기 일본 놀이터 디자인의 혁신을 주도한 인물이 쿠로 가네코다. 그는 건축적이면서 조경적인 놀이 구조로 유명하다. 도쿄 대학교 농학부에서 조경을 공부했고, 졸업 뒤 도쿄 시의 어린이 놀이 지도사로 8년 동안 일했다. 이후 요코하마 공원부 수장으로 5년 동안 일했고, 일본어린이 놀이터협회의 디렉터로 활동했다. 1958년과 1961년에 런던, 취리히, 뒤셀도르프, 코펜하겐, 헬싱보리, 스톡홀름, 릴, 브뤼셀 등을 다니면서 유럽의 놀이터와 모험 놀이터에 특별히 관심을 갖게 되었다. 쿠로 가네코는 도쿄의 테포즈 어린이 공원(1935년 개장, 1962년 재개장)과 토요시키키 놀이터를 디자인했다.

테포즈 놀이터에서 가장 인기 있는 놀이 시설은 콘크리트로 만든 등반 둔덕이다. 완만한 경사를 오를 수 있고, 미끄럼틀처럼 내려올 수도 있다. 반대편 급격한 경사에는 콘크리트 돌기와 철제 고리들이 붙어 있어서 밟거나 잡으면서 둔덕을 오를 수 있다. 이외에도 컵형 구조물, 돔형 둔덕이 있다. 그가 디자인한 토요시키키 놀이터에서 가장 중요한 놀이 시설은 '상자'라 부르는 놀이 구조물이다. 여기에는 그네, 등반 밧줄 등 여러 가지 놀이 요소들이 조합되어 있었다. 또 다른 유명한 놀이 구조는 나선형 놀이탑이다. 뾰족하게 솟은 콘크리트 놀이탑을 힘겹게 오르고 미끄러지며 놀 수 있다.

일본 모험 놀이터의 선구자, 오무라 부부

일본의 놀이터 혁신가들 가운데 놓치지 말아야 할 사람은 켄이치 오무라, 아이코 오무라 부부다. 켄이치는 도시 계획가였고 아이코는 영어 교사였다. 부부는 일본에 모험 놀이터를 소개한 선구자들이다. 1970년대에 부부는 기존의 놀이터에 대해 회의적이었다. 당시 일본은 효율과 성과만 추구하다보니 이웃 간의 교류가 극단적으로 줄어들고 있었다. 저출산이 큰 사회 문제가 되었다. 놀이터에서 아이들 노는 소리가 거의 들리지 않았다. 부부는 자신들의 어릴 적 놀이 환경과 아이들의 놀이 환경이 다르다는 것을 발

견했다. 부부는 아이들에게 자신들이 어릴 적 놀던 놀이 환경을 겪게 하고
싶었다.

켄이치 오무라는 1970년 해외 시찰 여행을 하면서 영국에 모험 놀이터를
전파한 마조리 알렌이 쓴《놀이를 위한 계획(Planning for Play)》를 만난다.
이 책은 아이들 스스로 나무를 사용해서 기지와 우리를 만들고, 큰 웅덩이
에 몸을 담그고, 불을 지펴 빵을 굽는 모습을 담은 유럽의 모험 놀이터들을
소개하고 있다. 오무라 부부는 이 책을 번역해서 1973년《도시의 놀이터》를
출판했다. 일본에서 기대 이상의 호응을 받았고, 이후 오무라 부부는 책에
서 소개한 스웨덴, 영국, 덴마크, 스위스, 네덜란드의 모험 놀이터를 실제로
방문했다. 귀국 뒤 부부는 유럽에서 찍어온 모험 놀이터 슬라이드를 지역
주민들에게 보이며 모험 놀이터 조성 운동을 촉구했다.

오무라 부부와 마찬가지로 가난하지만 즐거운 놀이의 세계를 만끽하며
자랐던 지역 주민들은 힘을 합쳐 봉사 단체인 '놀자모임'을 만들고 지역 주
민이 갖고 있던 공터를 빌려 모험 놀이터를 시작했다. 1979년 세타가야 구
국제 아동의 해를 기념해서 드디어 행정과 시민이 공동 운영하는 일본 최초
의 상설 모험 놀이터인 하네기(羽根木) 플레이 파크가 탄생했다. 이후 모험 놀
이터는 일본 전역으로 퍼지기 시작했고, 1990년 비약적으로 늘어났다.

일본 각지에서 시작되고 있던 모험 놀이터 활동을 더 넓히고자 1998년
58개 주민 조직이 참여한 '모험 놀이터 전국 연구 집회'를 계기로 1999년
어린이놀권리를위한국제협회(International Play Association) 일본 지부인
모험 놀이터 정보실이 문을 열었다. 이 단체를 전신으로 해서 2003년에 민
간비영리단체독립법인 일본모험놀이터만들기협회가 창립되어 지금까지

활동하고 있다. 일본모험놀이터만들기협회는 "놀이 넘치는 거리로!"라는 슬로건을 내세우고, 모험 놀이터 만들기를 통해 지역 어린이들이 자유롭게 놀며 성장할 수 있는 풍요로운 사회를 실현한다는 목표를 내걸었다. 이 단체는 전국의 모험 놀이터 운동을 지원하고 있다. 일본 전역의 모험 놀이터는 2013년도 제6회 전국 모험 놀이터 활동 실태 조사 결과 약 400곳이 운영되고 있었다. 일본 모험 놀이터의 특징은 마을 만들기 사업과 연관이 있거나 지역 주민이 주도해서 운영한다는 점이다. 상설 모험 놀이터는 극히 적은 편이고, 대부분 비정기적으로 열리는 팝업 모험 놀이터들이다. 대부분 자원봉사자들이 운영하고 있다. 아이들뿐 아니라 청소년과 부모를 포함해 다양한 연령대의 사람들이 모인다.

도쿄 플레이와 플레이 데이

일본모험놀이터만들기협회가 민간비영리단체라면, 도쿄 플레이(Tokyo Play)는 사회적 기업이라 할 수 있다. 도쿄 플레이는 1998년에 설립한 런던 플레이로부터 영향을 받았다. 런던 플레이는 전 세계적으로 가장 선도적인 놀이, 놀이 공간, 놀이터 환경 등 어린이 놀이 권리를 지원하기 위해 만든 영국의 대표적인 놀이 관련 중간 지원 조직이다. 2007년 6월 영국의 어린이 놀권리를위한국제협회 회의에 참석했던 시마무라는 당시 런던 플레이의 사무총장을 만나 대도시에서 아이가 풍부하게 즐길 수 있는 환경 조성의 필요성에 대해 듣는다. 회의에서 돌아온 시마무라는 곧바로 그해 8월에 어린이의놀이와어른의역할연구회를 발족하고 공개 강습회를 격월로 열기 시작했다. 2010년 10월엔 연구회를 발전적으로 해소하고 도쿄 플레이를 설립했다. 2016년 2월에 영국의 런던 플레이와 정식으로 자매 단체 제휴를 맺고 지금까지 활동하고 있다. 2016년 7월 사회적 기업의 성격을 갖는 일반 사단법인으로 전환했다.

도쿄 플레이는 놀이 자문 활동, 모험 놀이터 운영, 놀이 연구 등 다양한 활동을 펼치고 있는데, 가장 주목할 활동은 도쿄 플레이 데이(Tokyo Play Day)다. 물론 도쿄 플레이가 단독으로 주관하는 행사는 아니지만 주요한 역할을 맡고 있다. 도쿄 플레이 데이는 매년 10월 1일 도쿄도 도민의 날에 "놀이를 경축하자!"라는 슬로건을 내걸고 모든 어린이들이 풍족하게 즐길 수 있는 놀이 환경 조성을 알린다. 2013년부터 시작한 도쿄 플레이 데이는 처음 시부야 구에서 시작되었다. 2016년까지 도쿄 내 60개 지역이 참가했다.

세타가야 구 하네기 플레이 파크

세타가야 구 하네기 플레이 파크는 일본 최초의 모험 놀이터다. 이곳은 저출산, 고령화 등으로 도시 공원의 역할 변화가 필요한 상황에서, 주민들과 밀접한 관계를 유지하며 도시 공원을 활성화할 필요에 맞춰 만들어졌다. "자신의 책임으로 자유롭게 논다"라는 슬로건에 따라 정형화된 놀이 시설이나 미리 설계한 놀이 계획에 구속받지 않고 아이들이 자유롭게 놀이 환경을 바꿀 수 있는 모험과 창조성을 발휘하는 데 중점을 두었다. 하네기 플레이 파크는 주택가에서 가까운 공원의 완만한 수목과 진흙이 있는 구릉지에 있다. 놀이 기구는 주로 목재와 일반 목공구로 만들었고, 전통 놀이터와 달리 취사 도구와 물 펌프, 작업 테이블이 있다. 이곳에서 아이들은 나무 오르기, 줄타기, 흙 파기, 낙엽 집 만들기, 불 피우기 등을 즐길 수 있다. 놀이 활동 외에도 어린이날 축제, 크리스마스 행사, 어린이 놀이 시설 제작 대회, 바자회, 지역 행사 연계 프로그램, 문화 예술 행사, 음악제, 포럼, 강연 등 다양한 지역 행사가 열린다.

하네기 플레이 파크는 관리자 1명과 놀이 활동가 3명으로 구성된 민간비영리단체법인이 행정으로부터 위탁 받아 운영한다. 운영 재정은 지자체가 지원하는 위탁비가 74.5퍼센트, 기타 기금과 자체 사업 수익이 25.5퍼센트를 차지한다. 법인은 놀이터의 관리 운영과 계획, 놀이 활동가 채용과 교육을 맡는다. 장소는 지자체에서 제공하고 사후 관리 역시 행정에서 담당한

초창기 하네기 플레이 파크의 모습.

다. 인근에 있는 초등학교와 60여 명의 학부모로 구성된 자원봉사자 모임이 참여한다. 이처럼 하네기 플레이 파크는 활용도가 떨어지는 노후 공원을 민간 위탁 형태를 도입해 민관 협력으로 운영하는 모범적 사례.

유메 파크, 어린이 꿈의 공원

유메 파크는 어린이가 '하고 싶다'고 생각한 일에 도전할 수 있도록 가급적 금지하지 않고, 자신이 책임을 갖고 자유롭게 노는 것을 소중히 하는 종합 놀이터이다. 2003년 7월에 문을 열었다. 2000년대 일본은 전 사회적으로 집단따돌림이 심각했다. 이 문제를 해결하기 위해 민간 단체와 교육 전문

유메 파크의 시설들.

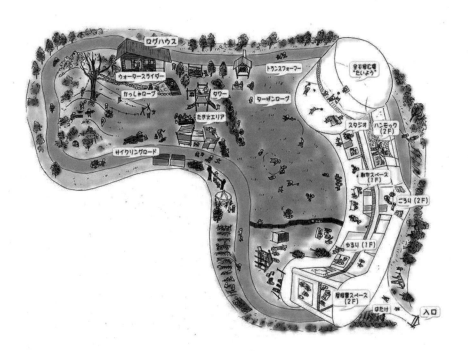

가, 시 공무원, 어린이와 청소년 대표 등이 참여해 아동 권리 조례를 제정했다. 카와사키 시 어린이 권리에 관한 조례는 2000년 12월 21일 시 의회를 통과하고 2001년 4월부터 시행되고 있다. 이 조례는 2년간 200회가 넘는 회의와 시민들, 아이들과 의견 교환을 통해 마련되었다. 조례를 구현하기 위한 구체적인 공간이 필요해서 '어린이 꿈의 공원'도 만들었다. 이곳은 시와 민간비영리단체법인, 가와사키 시 평생학습재단과 자유공간 타마리바(フ リ-スペ-スたまりば)의 협동 사업으로 탄생했다. 일본에서 드문 공설 민영 공간이다. 이 놀이터를 운영하는 가와사키 시 평생학습재단은 2003~2004년 이 공원을 시로부터 위탁 받아 운영하던 사업단을 모태로 만든 재단이다. 조례에 따라 유메 파크의 모험 놀이터는 평생 사회 학습의 관점에서 탈학교 어린이와 청소년을 위한 교육 장소로 만들어졌다. 주로 자자체 보조금으로 운영한다.

유메 어린이 꿈의 공원에는 어린이 회의실, 사무실, 모험 놀이터, 도서관, 운동장, 방음 시설이 되어 있는 음악 스튜디오, 수유 시설이 있다. 특히 모험 놀이터는 통제되지 않는 상태로 이곳저곳으로 뻗쳐나가고 있다. 이곳에서는 자유롭게 공간 변형이 가능하다. 텃밭, 동굴, 옥상 놀이터, 아이들이 만든 놀이 구조, 헛간, 나무 집 등 다양한 놀이 구조가 재활용 자재들로 만들어져 있다. 또한 어린이 꿈의 공원은 여러 놀이 구역들로 나뉘어 있다. 물과 진흙에서 자유롭게 놀 수 있는 플레이 파크, 밴드나 악기를 다룰 수 있는 스튜디오, 영유아 부모를 위한 조용한 공간, 전천후 지붕이 있는 광장, 카펫이 깔려 있는 교류 공간, 벽이 없고 책상이 놓여 있는 지붕 아래 창작 공간, 벽이 없고 통풍이 잘 되는 다락방, 양지바른 옥상, 자전거를 탈 수 있는 자전거 길,

잠깐 휴식하고 싶을 때를 위한 통나무 집 등.

아이들은 원하는 시간에 와서 자유롭게 이용할 수 있다. 이용료는 무료이지만 사전 등록이 필요하다. 절차는 설명과 면담(예약 필요)-체험 기간(2주)-등록-입회 순이다. 이렇게 절차가 복잡한 까닭은 학교 부적응 어린이와 탈학교 청소년을 위한 시설로 만들었기 때문이다. 오전 9시부터 오후 9시까지 연다. 자판기나 매점은 없고 도시락을 가지고 올 수 있다. 음주, 흡연은 불가하고 주차장이 없다. 어른이 주도하는 행사나 프로그램, 영리 목적의 활동은 할 수 없고, 애완동물과 함께 입장할 수 없다. 단체 방문 시에는 사전에 예약해야 한다.

숲속 모험 놀이터가 된 가와와 보육원

일본 요코하마 시 카와와쵸의 가와와 보육원은 일반적인 유치원이 아니다. 유치원 앞마당을 숲속 모험 놀이터로 만들었다. 유치원 건물이 있지만, 이곳에서 정작 중요한 곳은 숲속 모험 놀이터가 있는 정원이다. 대부분의 활동이 정원, 즉 유치원 마당에서 이뤄진다. 이곳은 유치원 내부에 모험 놀이터를 관 주도형이 아닌 주민 참여 주도형으로 만든 사례다. 이곳은 공장 주변의 1,600제곱미터 부지에 느티나무 평상, 은행나무 트리하우스, 감나무와 작은 왕국, 모래 언덕 등 모험 놀이 시설이 들어서 있다. 가와와 보육원은 1942년 교회 부설 어린이집에서 시작했고 부모와 교사가 공동으로 25년간 단계적으로 만들어왔다. 이곳의 원생은 0~5세에 해당하는 170여 명의 유아들이다. 일반 놀이터와 달리 이곳은 형식상 보육원이고 아동 안전에 유의하고 있기 때문에 원장 1명, 부원장 1명, 보육사 30명, 보조 직원 15명 등 47

명이 근무하고 있다. 지자체에서 지원을 받고 있지만, 조성비로 매년 부모와 졸업생이 600~700엔씩 기부한다.

이 보육원의 특징은 아이들이 자유롭게 노는 것 외에 일반 보육원에서 기대하는 정규 수업이 없다는 점이다. 아이들에게 이곳은 집, 작업장, 요리를 할 수 있는 부엌, 수영장, 애기 손으로 농사를 지을 수 있는 텃밭, 다양한 놀거리가 있는 놀이터다. 아이들은 이곳에서 놀면서 다양한 삶의 기술과 경험을 체득한다. 이러한 교육 방식에 동의하는 부모들의 이해와 의지 없이는 자식들을 보내기 쉽지 않은 곳이다. 운영을 위해 지역별 부모 모임 간담회가 해마다 7회씩 열리고 있으며, 조성, 보육 및 관리에 부모들이 적극 참여한다.

가와와 보육원의 정원은 숲과 놀이터로 되어 있다.
아이들은 이곳에서 종일 놀며 스스로 배운다.

모험 놀이터가 퍼진 까닭

일본에서 이처럼 모험 놀이터(일본에서는 보통 플레이 파크라고 부른다)가 퍼진 이유는 무엇일까? 이들의 문제의식은 무엇일까? 후쿠야마 시의 모험 놀이터는 웹사이트를 통해 그 이유를 공개하고 있다.

최근 도시화와 핵가족화로 과잉 보호가 문제되고 있다. 그 결과 현대 도시의 아이들은 나무 타기, 물놀이, 불놀이 등 약간 위험하고 더러워질 수 있는 놀이를 너무 쉽게 금지당한다. 사실 부모들은 정작 아이들이 아닌 자신의 사정과 편리를 위해 아이들의 다양한 활동을 금지한다. 심지어 놀이터나 공원, 학교에서조차 적지 않은 놀이 활동을 위험을 예방한다는 이유를 내세워 못하게 한다. 위험 예방은 실제로는 어른들이 책임을 회피하기 위한 조치이다. 다양한 범죄에 아이들이 노출되면서 부모들은 아이들을 자신의 시야 안에 가두려 한다. 아이들 주변을 맴도는 헬리콥터 부모가 되어 "위험하니까 안 돼", "더러우니까 그만둬"라며 세세하게 아이들의 활동을 통제하고, 호기심을 억누르고, 아이들의 도전과 실패의 기회를 박탈한다. 이러한 조건에서 집 밖으로 나가도 재밋거리는 사라져버리고 아이들은 실망하게 된다. 아이들은 반대로 텔레비전과 휴대폰, 게임에 중독된다. 심지어 텔레비전 프로그램 앞에 유아를 앉혀 놓고 육아를 대신하는 끔찍한 부모들도 늘어난다. 자신들이 아이들을 망치고 있다는 것을 간과하고 "요즘 아이들은 밖에서 놀지 않는다", "게임 때문에 아이들이 폭력적이 된다", "아이들이 의욕이 없다"라며 불평을 털어놓는다. 아이들에게서 즐거운 놀이를 빼앗은 주범이 부모들이라는 점을 인정하고, 이제 아이들이 잃어버린 놀이를 되찾아 즐겁고 건강하게 자라게 할 수 있는 '모험 놀이터'가 필요하다.

일본의 모험 놀이터 운동의 시작과 몇몇 모험 놀이터들을 살펴보았다. 모험 놀이터가 등장한 배경과 이유는 그 사회의 모습을 반영한다. 유럽과 마찬가지로 일본에서도 사회의 문제를 해결하고 미래의 주인인 아이들을 향한 부모들의 절실한 기대와 희망 속에서 모험 놀이터가 등장했다. 일본이나 유럽과 마찬가지로 한국 사회도 고령화, 인구 감소, 따돌림, 학교 폭력, 탈학교, 자연결핍증후군 등 다양한 사회 문제에 직면해 있다. 우리 역시 이 문제들을 해결해야 한다. 지역 주민들이 모험 놀이터에 관심을 갖고 미약하지만 과감한 도전에 나서야 할 이유는 우리에게도 충분하다.

3부
모험 놀이터를 만들자

17

왜
모험 놀이터인가

놀이터는 처음부터 치유의 공간이었다. 19세기 후반 미국의 급격한 산업화
와 도시화 속에서 가난한 이민자들의 아이들은 값싼 노동력으로 취급받았
다. 아이들은 더럽고 위험한 작업 환경과 거친 어른의 세계에 노출되었다.
너무 빨리 욕설과 술, 담배를 배우고 폭력에 시달리거나 폭력을 휘둘렀다.
범죄에 발을 들이는 사례도 드물지 않았다. 20세기 초 미국에서 사회 개혁
운동과 노동 운동의 성과로 어린이 노동은 금지되었지만, 가난한 아이들은
위험한 길거리와 골목에 방치되었다. 상황은 크게 바뀌지 않았다. 1891년
거리의 어린이 보호를 위해 놀이터 운동을 벌인 단체가 '자선이 아닌 도덕
운동'을 표방한 뉴욕협회(New York Society)였을 정도다.

　당시 놀이터는 사회의 도덕성 회복과 바로 이어진 주제였다. 초기 대다수
놀이터 운동가들은 어른들이 놀이터의 아이들을 지도하거나 감독해야 한
다고 여겼다. 이민 노동자들이 밀집한 뉴욕 저지대 빈민가의 아이들은 거칠
고 폭력적이었다. 그래서 심지어 놀이터에 경찰이 상주할 정도였다. 초기

놀이터 운동가들은 놀이터에서 놀이 활동을 통해 노동의 상처를 치유하고 폭력성을 줄이고자 했다. 아이들이 상처를 씻고 민주적인 준법 시민이자 다양한 기초 기술을 익힌 노동자로 성장하기를 바랐다. 놀이터의 역사가 시작된 뒤 그리 오래되지 않은 때 등장한 모험 놀이터 역시 치유의 수단이었다.

전쟁 트라우마를 치유하기 위한 놀이터

1931년 아직 1차 세계대전의 상처가 채 가시기 전에 모험 놀이터가 제안되었다. 덴마크 조경사인 칼 테오도어 쇠렌센은 폭격지에서 자율적으로 놀고 있는 아이들을 목격했다. 이 놀이는 전쟁 트라우마를 겪은 아이들의 자기 치유였다. 쇠렌센은 아이들이 노는 모습을 관찰하면서 모험 놀이터를 구상했지만 오랫동안 이루지 못했다. 그러다 1946년 코펜하겐 엠드럽 노동자 집합 주택에 드디어 그가 구상했던 최초의 모험 놀이터가 등장했다. 쇠렌센과 노동자 부모들, 노동자의 아이들이 이곳에 모험 놀이터를 만들었다. 당시 덴마크는 1차 세계대전을 겪고 있었고, 독일 나치의 지배를 받고 있었다. 그들은 놀이터를 통해 전쟁과 피지배의 상처를 치유하고자 했다.

허트우드의 조경사 마조리 알렌이 엠드럽을 다녀간 뒤 모험 놀이터를 전파한 영국에서도 마찬가지였다. 전쟁 기간 동안 부모를 잃은 아이들이 넘쳐났다. 부모를 잃지 않았더라도, 전후의 처참한 상황에서 부모들은 아이들을 돌볼 여력이 없었다. 버려지듯 방치된 아이들은 전쟁 트라우마를 겪고 있었다. 아이들은 폭력적이었고 거칠었다. 어린이와 청소년에게서 나타나는 폭력은 사회적 비극의 결과였다. 당시 전쟁을 겪은 다수 유럽 국가들의 상황은 비슷했다. 노동자, 시민, 교육자 들은 어린이와 청소년의 전쟁 트라우마를 치유하기 위해 모험 놀이터를 채택했다.

창조적 파괴와 치유의 놀이

왜 모험 놀이터를 치유의 공간으로 여겼을까?

아이가 장난감을 던지고 부순다면 어떻게 해야 할까? 대다수 부모들은 당장 아이를 혼내거나 파괴적 행동을 금지할 것이다. 19세기 초 프랑스의 비평가이자 시인인 샤를 보들레르(Charles Baudelaire)는 자신의 에세이 〈장난감의 철학〉에서 아이들이 싫증난 장난감을 파괴하는 행동에 대해서 말한다. 장난감 파괴는 사물로서 장난감보다는 "장난감의 영혼"을 찾는 아이들의 혁신적이고 시적인 행위라고. 그는 싫증난 장난감을 부수는 아이들의 행위는 "장난감"이란 개체 자체는 "사용" 이상의 가치를 갖고 있는 것은 아니라는 점을 드러내는 가치 파괴적 놀이이자 새로운 프로젝트의 하나라고 보았다. 또한 독일의 철학자이자 문화 비평가였던 발터 벤야민(Walter Ben-

밴들리 힐(Bandley Hill)의 모험 놀이터.
아이들이 폐자재를 이용해 자기들이 만든 놀이 기구에서 놀고 있다.

jamin)은 어린이들이 폐건축 재료와 잡동사니로 건축 놀이를 하는 모습에서 계급이 없는 노동 분업과 대안적 주거 모델을 볼 수 있다고 말했다. 그는 아이들이 놀이터에서 현실 세계의 관계와 공간을 손쉽게 흉내 내어 만들고, 또 아무렇지도 않게 부수고 다시 다른 형태로 재생하는 모습을 보았다. 아이들은 놀이를 통해 사회의 질서를 모방하거나 표현하고, 때로 새로운 질서를 구상한다.

아이들의 창조적 파괴를 이해한 이들은 이들뿐만이 아니었다. 2차 세계 대전 뒤 전쟁 트라우마로 어린이들의 폭력과 비행이 문제가 될 때, 일군의 심리학자들과 교육자들은 언뜻 폭력적으로 보이는 행동을 사려 없고 상상력 없는 어른들에 대한 일종의 저항이라고 보았다. 폭력은 심리적이거나 사회적으로 억압받는 어린이와 청소년이 자신의 잠재력을 표현하는 것이라고 보았다. 그들은 아이들에게 오히려 창조적인 파괴와 건설의 기회가 주어진다면 폭력을 줄일 수 있다고 생각했다. 모험 놀이터는 이러한 놀이 개념과 폭력에 대한 심층적 이해를 바탕으로 어린이와 청소년에게 창조적 파괴 행동을 허락하는 공간이 되었다.

제작 본능을 충족시키는 공간

모험 놀이터의 선구자인 쇠렌센과 한스 드라게옐름에게 큰 영향을 끼친 앤느 마리 노빅은 "놀이는 어른의 일과 생활을 위해 필요한 기술을 준비하는 과정"이라고 생각했다. 한마디로 놀이는 어른 흉내 내기라는 뜻이다. 놀이는 생활과 직업에 필요한 기술의 자유롭고 즐거운 습득 과정이라는 데 공감한 쇠렌센과 드라게옐름은 자연환경과 자연 재료만으로 충분하지 않다고 생각했다. 톱, 망치와 같은 도구로 놀이 기구를 만들고 부수고 다시 만드는 제작 놀이 즉, 건축 놀이가 필요하다고 여겼다. 그리고 이러한 관점을 엠드럽의 모험 놀이터에 반영했다.

놀이는 세계를 이해하는 과정이다. 놀이 속에서 아이들은 지금 세계를 이해하고 미래 사회를 상상하며 어른으로 자란다. 세계를 이해하기 위해 아이들은 단지 공부만해서는 안 된다. 기본 재료들을 만지고 다루면서 무엇인가를 만들어낼 필요가 있다. 아이들은 단지 어른들로부터 주어진 무엇인가를 이용만해서는 안 된다. 창조할 기회를 가져야 한다. 자신의 환경을 바꾸고 자신의 기획과 상상을 구현할 필요가 있다. 아이들에게는 제작과 공작, 건축의 시간이 필요하다. 때때로 아이들은 어른들이 만들어 놓은 세계를 흉내 내고 모사한다. 이러한 어른 흉내 내기는 놀이의 주요한 유형이지만 너무도 간단하게 금지당한다.

놀이 본능보다 우선한다고 알려진 제작 본능은 우리 사회에서 가장 무시되고 있다. 어른 흉내 내기는 곧 삶의 기술 흉내 내기다. 제작 놀이, 건축 놀이를 포함해서 어떤 기술에 대한 이해, 숙련을 포함하는 기술 놀이는 현대 어린이들이 박탈당한 놀이 가운데 하나다. 더 이상 부모들은 삶에 필요한 생활 기술을 자녀에게 전수하지 못한다. 요즘 아이들은 부모들의 직업 기술이나 소소한 생활 기술을 따라하는 놀이의 기회를 조금밖에 갖지 못한다. 부모들이 너무 바쁘고, 직장과 주거가 분리된 생활을 하기 때문이다.

현대 도시의 거의 모든 공간은 어른들이 차지하고 있거나 상업화되어 있다. 아이들은 자신들만의 아지트를 만들 공간이 없고, 마음대로 칠할 벽이 없다. 이러한 경험의 결핍을 충족시키려고 부모들은 무수한 체험 프로그램에 자녀들을 데리고 다닌다. 하지만 대개 그런 곳들은 이래라 저래라 시키는 어른들이 너무 많다. 그런 프로그램에서는 아이 자신의 동기와 목적이 우선되지 않는다. 놀이는 지시에 의해 이루어지는 활동이 아니다. 다음 세대가 살아갈 시대가 그 무엇보다 창조력이 필요하다는 점을 인정한다면, 제작 본능과 건축 놀이, 기술 놀이를 인정하는 모험 놀이터를 주저할 이유가 없다.

무정부적 놀이터에서 피어나는 자율

모험 놀이터는 도덕이나 규율을 아이들에게 강제하지 않는다. 중요한 것은 경험이다. 놀이터 운영은 최소 규칙을 제외하고는 다소 무정부적이다. 아이들에게 자율 사회를 만들 수 있는 기회를 준다. 이러한 방식으로 아이들은 스스로 모험 놀이터에서 공동체 의식을 회복하고 민주적 실천과 연대를 경험할 수 있다. 때로는 아이들 사이에 위계를 체험하기도 하고, 때로는 민주적 질서를 체험하기도 한다. 나이가 많은 아이들은 어린아이들을 돌보며 책임감과 자부심을 갖게 된다. 어린아이들은 형과 누나, 오빠와 언니에 대한 존경심을 갖게 된다.

일반 놀이터와 모험 놀이터의 또 다른 차이는 일반 놀이터가 구조적이고 지시적인 반면, 모험 놀이터는 비구조적이고 비정형적이라는 점이다. 모험 놀이터에는 가변적이고 임시적인 놀이 기구들로 가득 차 있다. 이곳에서는 고정된 놀이 기구보다 놀이 기구를 만드는 놀이 활동이 더 중요하다. 무엇보다 이곳에선 상상, 창조적 파괴와 건설, 다양한 경험이 중요하다. 이런 이유로 모험 놀이터는 아이들이 위험을 감수하고 실험하고 도전할 수 있는 환경을 제공한다.

　모험 놀이터는 매일 딜레마 상황에 놓인다. 아이들이 만든 어설프고 지저분한 놀이 구조 가운데 무엇을 살리고 무엇을 없애야 하는지 결정해야 하기 때문이다. 놀이 구조와 어설픈 건물을 짓는 과정에서 생기는 의견의 불일치와 다툼을 해결하는 것도 아이들에게 달려 있다. 지은 것을 부수고 새로 짓는 것을 결정하는 일도 아이들 몫이다. 최초의 모험 놀이터인 엠드럽의 첫 번째 놀이 활동가였던 베르틀슨(Bertlesen)은 "주도권은 아이들 스스로에게 달려 있었다. 놀이 활동가는 아이들을 가르칠 수 없고 실제로 그렇게 하지도 않았다. 아이들 스스로 건축 프로젝트를 진행했다. 아이들은 싫증이 나면 건물을 철거했다"라고 회고했다.

어린이 지역 사회 공동체

모험 놀이터는 단순한 놀이터나 다양한 놀이의 총합이 아니다. 아이들에게도 아이들만의 사회와 관계가 있다. 모험 놀이터에서 어른들로부터 지배받지 않는 아이들만의 사회를 실현한다. 무엇보다 모험 놀이터는 지역 공동체가 만든 어린이의 사교장이자 공유지다. 이곳은 아이들이 시민이 되는 장소다. 다른 시설과 달리 마을이 만드는 모험 놀이터는 언제나 이용할 수 있고 무료이다. 무엇보다 이웃에 있는 또래 또는 동네 형과 동생, 누나, 언니를 만나는 사교장이자 사회 센터가 된다. 이러한 특성 때문에 모험 놀이터는 독특한 분위기를 만들어낸다. 때때로 놀이터에서 간과하는 활동은 사람들 만나기, 말하기, 서로 알기, 말 타툼, 친구 사귀기, 시간 보내기, 지속적인 사회적 교류와 소통이다.

도시의 골목에서 어린이 사회가 사라졌다. 스스로 관계를 발견하고 구성해나가는 아이들의 시민 사회, 아이들의 공화국은 골목과 공터, 자유 시간이 사라지면서 함께 사라졌다. 1960~1980년대에는 골목의 어린이 사회를 교회 공동체가 일부 대체했다. 이제는 그마저도 사라져버린 듯. 지금은 PC방 공동체나 학원 공동체, 편의점 공동체가 대체한 듯하다. 그러나 이들을 공동체라고 말할 수 있을까. 다시 골목에서 어린이 사회, 어린이 공동체를 복원할 필요가 있다. 골목에서 형, 동생, 친구들과 즐겁게 뛰놀던 때가 생각난다. 사회성은 학원이나 학교에서만 배울 수 있는 게 아니다. 아이들은 터울 진 동네 아이들과 부딪히고 놀면서 사회성을 키운다. 지금 우리 사회에 모험 놀이터가 필요한 이유다.

놀이는 한 사회에서 미래를 만드는 기초로서 매우 중요하다. 놀이는 아이들의 몸과 머리, 마음, 사회성 발달에 필수 요소다. 정규 교육 역시 아이들의 성장에 도움이 되지만, 정규 교육이 줄 수 없는 경험과 발달의 기회가 놀이에 있다는 점을 이해할 필요가 있다. 아이들은 놀이를 통해 자신들의 호기심과 궁금증, 질문에 대한 대답을 발견하고 찾아낸다. 또한 어른이나 사회가 제시하는 목적이 아닌 자신의 동기와 목적을 놀이 속에서 실현한다. 그 과정에서 아이들은 자기 치유를 할 수 있다. 이러한 점을 인정한다 해도 어른들은 창조적 파괴와 아이들의 자율이 보장되는 모험 놀이터를 불안하게 본다. 안전 사고와 폭력에 대한 불안, 감시와 지도에 익숙한 우리 사회의 부모들과 교사들은 쉽게 받아들이지 못한다.

우리는 전쟁터 같은 경쟁 사회에서 다양한 상처와 억압, 트라우마를 겪는 아이들이 점점 늘어나는 것을 지켜보고 있다. 청소년들 사이의 학교 폭력은 전쟁과 같은 우리 사회의 결과다. 만약 어떤 아이가 폭력적이라면 모험 놀이터를 치유의 수단으로 삼은 이들처럼 그들의 상처를 이해할 수 있어야 한다. 단지 학교 폭력 방지 예방 교육이나 상담, 신고 전화와 처벌 법규만으로 어린이와 청소년이 겪는 트라우마와 폭력성을 쉽게 치유할 수 없다. 폭력을 치유하는 수단으로 창조적 파괴와 건설 놀이, 제작 놀이, 기술 놀이를 적극 고려해야 한다. 협력을 체험하고, 사회 질서를 반영하고, 다시 새로운 질서를 구상할 수 있는 놀이터를 스스로 만들어갈 기회를 어린이들에게 주어야 한다. 어린이는 다음 세대의 주인공이라는 점을 말만이 아니라 현실에서 인정할 필요가 있다.

건축 회사가 운영하는
건축 놀이터

제이마크 홈스(JayMarc Homes)는 놀이터를 운영하는 건축 회사다. 주로 목조 주택을 짓는다. 이 회사는 머서 아일랜드 시 한가운데에 딘 어린이 공원(Dean's Child Park) 숲속의 모험 놀이터를 운영한다. 이곳은 어린이들에게 자유롭게 놀이 구조를 건축할 수 있는 건축 놀이의 경험과 기회를 제공한다. 건축 회사가 아이들을 위한 건축 놀이터를 운영하는 셈이다.

아이들은 이곳에서 망치, 톱, 못, 펜치, 드라이버 따위가 든 도구 상자와 목재 판넬, 각목, 밧줄 등 다양한 건축 자재, 목장갑과 보안경 같은 안전 공구를 지급 받는다. 놀이 활동가들의 전문적인 목조 건축 지도를 받을 수도 있다. 아이들은 모험 놀이터 숲속 어느 곳에나 다양한 구조물을 지을 수 있다. 아이들은 요새와 아지트, 놀이 구조를 건설하는 동안 장인 정신과 협동을 배운다. 창의력을 발휘하고 스스로 위험에 대처하는 방법을 익힌다. 이곳에서 사용하는 건축 자재는 기부로 채운다. 입장은 무료이지만 종종 단체 파티 등 행사를 위해 돈을 받기도 한다.

파이츠회히하이머
모험 놀이터 캠프

파이츠회히하이머 모험 놀이터(Veitshochheimer adventure playground)는 청소년 복지 사업으로 추진되었다. 1985년 청소년복지사무소의 지원으로 설립한 사회적 기업 형태의 스타트업(Start up)이다. 유럽의 긴 휴가 기간 동안 가정 형편 때문에 휴가를 떠날 수 없는 아이들을 위한 모험 놀이터 캠프를 지속적으로 열고 있다. 휴가를 떠날 수 없는 7~13세 아이들 200여 명이 14일 동안 이곳에 모여 팔레트, 각재, 슬레이트, 나무 피죽을 이용한 건축 놀이, 스포츠 게임, 태권도 시범, 공예를 배울 수 있다. 파이츠회히하이머 시는 1988년부터 매년 약 2천만 원을 이 캠프에 지원한다. 나머지 비용은 기부금과 부모들의 지원으로 충당한다. 모험 놀이터 캠프에는 23명의 활동가들이 있는데, 놀이 감독관, 자원봉사자, 견습생 들이다. 견습생은 16~22세의 다양한 국적을 지닌 13명의 청소년들로서 아이들의 놀이 활동을 돕는다.

파이츠회히하이머 모험 놀이터의 건축 캠프(2014.8).

18

모험 놀이터에
필요한 놀이들

가장 본능적이고 재미있는 놀이는 무엇일까? 부모나 사회에 의해서 현대 도시의 아이들은 세상에서 가장 재미있는 놀이를 금지당하고 있다. 하지만 모험 놀이터에서는 처음부터 그런 놀이를 아이들에게 마음껏 허락한다. 집 짓기, 땅파기, 불놀이, 물놀이. 이 놀이들은 모험 놀이터의 놀이 철학이기도 하다. 모험 놀이터는 자연주의 놀이터 운동에 닿아 있고, 아이들의 유전자에 기록된 가장 근원적인 놀이 본능에 주목한다.

집짓기

적절한 공구나 재료를 주면 아이들은 시키지 않아도 자연스럽게 은신처, 요새, 토굴, 나무 집, 막사를 짓는다. 아이들에겐 건축 본능이 살아 있다. 모험 놀이터에는 항상 풍부한 목재와 공구들이 마련되어 있다. 모험 놀이터의 또 다른 이름이 건축 놀이터라는 점을 떠올릴 필요가 있다.

놀이 활동가들은 톱과 망치 등 손 도구 사용법과 안전한 관리 방법을 아이들에게 보여준다. 아이들은 스스로 디자인하고 역할을 분담해 연령이나 능력에 맞게 적당한 집짓기를 시도한다. 아이들이 민주적이고 자율적인 결정에 의해 철거할 때까지 건축물은 계속 바뀔 수 있다. 건축 놀이에서는 안전을 위해 경험이 많은 어른이나 활동가의 참여가 필요하다. 단 아이들에게 주도권을 주고 충분히 참여하도록 해야 한다. 어른들이나 놀이 활동가들은 아이들이 집짓기를 할 때 친절한 도우미가 되어야 한다. 살짝 한발 물러서서 적절한 기회에 도움을 주거나, 결정적인 위험이 예상되는 구조에 대해서 조심스럽게 개입하고 점검하는 데 머물러야 한다. 자칫 어른이나 활동가가 주도하면 다른 놀이터와 차별성을 잃게 된다.

캘리포니아주 오렌지 카운티의
'버클리 마리나 비치 모험 놀이터'의 폐자재로 아이들이 만든 집.

땅파기

놀이터가 별로 없던 시절에 자란 세대들은 주로 땅파기를 하며 놀았다. 물론 나도 마찬가지였다. 때때로 흙 놀이로 이어지는 땅파기는 집짓기와 마찬가지로 자연스런 욕망이다. 도시에서 이제 아이들이 마음껏 땅을 파며 놀수 있는 공간은 거의 남지 않았다. 놀이터에도 보도블록이나 고무 포장이 뒤덮고 있다.

모험 놀이터는 땅파기를 허락하는 공간이다. 놀이 활동가들은 삽이나 괭이 같은 도구를 아이들에게 제공하고 안전한 사용법에 대해 시범을 보여야한다. 종종 땅파기 놀이는 땅 속에 묻힌 물건을 찾는 발굴 놀이로 발전한다. 너무 깊고 위험한 토굴이나 구덩이는 놀이 활동가들이 위험을 파악해서 지주목을 대주거나 보강해주어야 한다.

불놀이

아이들은 불에 매료되는 경향이 있다. 어른들도 마찬가지. 불은 사람을 흥분시키지만 심리적 안정감과 따뜻함을 준다. 하지만 현대 도시에서 아이들이 불장난할 곳을 찾기란 무척 어렵다. 가끔 캠핑을 가서야 불장난 아닌 불구경을 할 수 있을 뿐이다. 불은 요리, 난방, 모임, 명상, 조명 등 다양한 쓰임새를 갖고 있다. 아이들이 조심스럽지만 효과적으로 불 다루는 법을 익힐필요가 있다.

모험 놀이터에서 불은 주변을 따뜻하게 하고, 때로는 가벼운 조리에 이용된다. 하지만 불놀이가 자칫 화재로 이어질 수도 있다. 놀이 활동가들은 불놀이 장소를 다른 놀이 장소와 구분하고, 기본 안전 규칙을 아이들이 숙지할 수 있도록 지도해야 한다. 특히 불장난 이후 뒤처리가 중요하다. 아이들은 불장난을 통해 화재 안전을 자연스럽게 배운다. 불놀이는 때때로 조리와 음식 파티로 이어진다.

물놀이

물이야말로 아이들이 가장 좋아하는 자연 재료다. 더운 여름날 물만큼 좋은 놀잇감은 없다.

캘리포니아주 허팅턴 비치 모험 놀이터의 흙탕물 웅덩이.

모험 놀이터는 종종 강이나 호수를 끼고 있거나 놀이터 안에 연못이나 작은 웅덩이를 만든다. 심지어 흙탕물 구덩이를 파놓은 경우도 있다. 그럴 수 없을 경우 임시 수영장, 배관 파이프를 이용한 물놀이장, 모래밭과 연결한 펌프, 작은 도랑을 만든다. 이곳에서 물에 젖거나 옷이 지저분해지는 것은 꾸지람 받을 짓이 아니라, 충분히 재미있게 논 증거이자 훈장이다. 놀이터 한쪽에 깨끗이 몸을 씻을 간단한 샤워장이나 수도 시설이 필요하다.

모험 놀이터에서 허락하는 놀이 활동들

모험 놀이터에서는 4대 놀이(집짓기, 땅파기, 불놀이, 물놀이) 이외에도 다양한 놀이 활동을 권장한다. 영국의 놀이 단체인 플레이 잉글랜드(Play England)와 아동학교가족부는 모험 놀이터의 근간이 되는 원칙과 특징을 정리한 〈놀이 길잡이 입회 자료 모음(Play Pathfinder Bidder Pack)〉을 배포했다. 사실 모든 모험 놀이터는 각각 고유한 특성이 있기 때문에 이 원칙을 획일적으로 적용할 수는 없다. 그럼에도 불구하고 모험 놀이터를 도입하려는 사람들은 모험 놀이터의 공통 요소들을 발견할 수 있다. 이 자료에 따르면 실내 모험 놀이터든 야외 모험 놀이터든 외부로부터 가려진 공간이어야 한다. 땅을 파던, 불장난을 하던, 잡동사니로 아지트를 만들거나 부수던, 다른 놀이터라면 용인되지 못할 활동들이 오히려 격려받는 신성한 불가침 지역으로 만들기 위해서다. 모험 놀이터는 숙련된 놀이 활동가들의 도움으로 아이들이 주인이 되어 물질적, 문화적, 심리적으로 구상하고 만들고 관장할 수 있는 놀이 공간일 필요가 있기 때문이다. 이러한 모험 놀이터는 아이들이 가능한 한 다양한 놀이 활동을 할 수 있도록 허락하고 있다. 모험 놀이터가 허락하는 놀이들은 다음과 같다.

- 아이들의 자유로운 놀이 유형 선택.
- 자발적이고 자유로운 아이들의 놀이 표현과 활동(단 서로 상해를 입히는 표현과 행동은 금지한다).
- 물리적, 사회적, 정서적인 상상과 감각적 공간 탐색 활동.
- 놀이의 내용과 의도를 자유롭게 결정하는 '놀이 실마리'와 '놀이 순환'(놀이 실마리는 놀이 활동을 시작하는 계기나 동기이다. 놀이 순환은 놀이에 몰입하다 싫증을 느끼고 놀이를 멈추기까지의 변화와 흐름을 의미한다. 싫증도 놀이의 과정으로 이해할 필요가 있다).
- 공유 공간을 건축하는 유연하고 단속적인 놀이 과정.
- 놀이터가 지역 사회의 중심이 될 수 있게 하는 지역 활동들.

모험 놀이터에서 허용하는 다양한 놀이 유형에 비해 우리의 놀이터에서는 아이들의 놀이 활동이 매우 적다. 아이들을 단지 놀이 기구의 단순 이용자나 키즈 카페의 소비자가 되도록 만든다. 아이들이 건강하게 자신의 가능성을 발현하고 성장하도록 더 다양하고 과감한 놀이 활동을 허용해야 한다.

- **소통 놀이** : 생각과 감정을 즐겁게 말, 표정, 접촉, 몸짓, 호명, 흉내, 농담, 낙서 등을 통해 표현하기.

- **창작 놀이** : 나무, 흙, 섬유, 종이, 페인트 등 다양한 재료와 도구를 가지고 창조적으로 자기를 표현하는 놀이.

- **위험 놀이** : 위험을 감수하는 그네 타기, 균형 잡기, 등반 놀이, 경사진 곳 이동하기, 어둠 속에서 떠들기 등.

- **연극 놀이** : 연극, 영화, 텔레비전 드라마 속 대사, 사건, 춤 흉내 내기.

- **탐험 놀이** : 덤불, 언덕, 나무, 계단, 터널 등 다양한 공간을 이동하고 접근하기.

- **환상 놀이** : 실재하지 않는 순수한 아이의 상상력과 관련한 놀이로 공룡 놀이, 마법 놀이 등.

- **상상 놀이** : 실제와 관계 있는 싱상 속 상황 놀이로 항해, 비행, 운전 등.

- **이동 놀이** : 3차원 공간을 즐겁게 이동하는 놀이로 등반 놀이, 축구 경기, 추적 놀이 등.

- **숙련 놀이** : 놀이 환경을 즐겁게 변화하고 통제하는 놀이로 불장난, 구덩이 파기, 물길 만들기 등.

- **객체 놀이** : 어떤 객체에 반복적으로 집중력, 조작성을 키울 수 있는 놀이로 가상 놀이, 퍼즐, 공깃돌 놀이, 인형 놀이 등.

- **재현 놀이** : 재미있게 인간 문화의 일면을 표현하는 놀이로 전쟁 놀이, 움막 놀이, 예식, 장례, 인형이나 애완견 옷 입히기 등.

- **역할 놀이** : 다양한 개성을 가진 인물의 역할을 수행하는 놀이로 소꿉장난, 의사, 선생, 소방관 등 역할을 흉내 내는 놀이.

- **거친 몸 장난** : 싸우지 않고 몸을 즐겁고 다소 거칠게 부딪히며 노는 놀이로 씨름, 레슬링, 쿵후 등.
- **사회적 놀이** : 규칙을 정하고 하는 놀이로 스포츠 게임, 보드게임 등.
- **사회극 놀이** : 사회적인 상황이나 사건을 극적으로 표현하며 경험하는 놀이로 특정 사건과 상황의 흉내라는 점에서 역할 놀이와 차이가 있음.
- **상징 놀이** : 다른 것을 상징하는 물건, 형태, 동작, 표현 등. 돈 대신 돌을 사용, 감정을 표현하는 상징적 낙서, 음악이나 노래, 의상 등.[4]

19
모험 놀이터를
어떻게 만들 것인가

한국에서 모험 놀이터가 회자되고 있지만 제대로 아는 사람은 적다. 놀이터에서 모험과 위험이 필요하다는 점을 이해하는 사람들도 늘고 있지만, 구체적으로 이해하고 있는 이들은 적다. 정작 한국 사회엔 아직도 제대로 된 모험 놀이터가 한 곳도 없다. 몇몇 지자체에서 모험 놀이터란 이름으로 만든 놀이터들이 등장했다. 하지만 아쉽게도 영국 아동학교가족부가 제시한 기준에 따르면 모험 놀이터라 할 수 없다. 이름만 모험 놀이터일 뿐 모험 놀이터의 역사적 경험과는 무관한 흉내 내기라 할 수 있다. 이름만 모험 놀이터가 등장하는 까닭은 '모험'이란 단어에만 집착한 편협한 이해와 모험 놀이터의 물리적 조성에 대한 몰이해 때문이다. 제대로 된 모험 놀이터를 만들기 위해서는 좀 더 구체적이고 진지한 이해가 필요하다. 꿈과 희망으로 일을 시작하고 개념과 철학으로 방향을 잡을 수는 있지만, 일이 되게 하는 힘은 늘 세밀하고 구체적인 이해와 실천에서 나온다.

모험 놀이터의 부지 선정

모험 놀이터를 만들기에 적당한 부지는 어디일까? 가장 우선해야 할 기준은 접근성이다. 아이들이 아주 먼 곳까지 부모 없이 혼자 놀이터로 가기란 쉽지 않다. 많은 제약이 있다. 어린아이일수록 놀이터는 집에서 가까운 곳에 있어야 한다. 여러 사례를 검토해보면 모험 놀이터를 찾아오는 대다수 아이들은 인근 수백 미터 이내 주택가에서 산다. 결론적으로 모험 놀이터는 아이들이 많은 주택가 가까운 곳에 만들어야 한다. 주택가나 아파트로부터 가까운 곳에 모험 놀이터가 있다면 폐장 뒤 놀이터를 지켜볼 수도 있다. 그러나 주택가와 모험 놀이터가 너무 가까우면 소음이나 어수선한 환경 때문에 인근 주민들이 싫어할 수도 있다.

비록 주택가에서 가까운 모험 놀이터라도 평지보다는 둔덕과 작은 계곡, 경사지, 뚝방, 웅덩이 등 다양한 지형이 있는 부지가 좋다. 일부러 아파트 단지나 마을 놀이터 만들 듯 평평하게 부지 정리를 할 필요가 없다. 지형적 다양성은 아이들의 풍부한 상상력을 돕는다. 지형과 나무, 덤불, 텃밭 등 자연 요소뿐 아니라 인공적인 구조물들은 놀이 환경을 다채롭게 한다.

모험 놀이터의 부지 규모는 어느 정도가 적당할까? 유럽의 여러 사례들을 비교해보면 성공적인 모험 놀이터는 약 2,000제곱미터(600평) 이상이었다. 부지가 너무 좁으면 많은 아이들에게 다양한 경험과 기회를 제공하기 어렵다. 약 8,000제곱미터(2,400평) 정도 되는 놀이터 부지가 적당하다. 그 이상으로 부지가 넓으면 놀이 활동가들이 관리하고 유지하기에 벅차다.

한국에서는 도시 지가가 너무 높을 뿐 아니라 놀이터를 만들 만큼 넓은 부지를 확보하기도 쉽지 않다. 그나마 공원 부지로 계획한 공공지나 도심

폐교 운동장을 활용하거나, 기존 공원의 일부를 모험 놀이터로 이용하는 것이 현실적인 대안이다. 또 다른 대안으로 도시 텃밭이나 도시 농장을 모험 놀이터와 통합하는 것이다. 유럽의 적지 않은 모험 놀이터는 시골 농장을 닮았다. 그 이유는 유럽에서 모험 놀이터를 퍼트린 주역들이 도시 농업 운동을 하던 이들이었기 때문이다. 유럽 1,000여 곳에 달하는 모험 놀이터들은 대다수 유럽도시농장연합(European City Farms Federation)과 관련이 있다. 이들은 향후 20년 동안 유럽 전역에 2천 개가 넘는 모험 놀이터를 결합한 도시 농장을 만들 계획을 세웠다.

독일은 현재 400여 곳의 모험 놀이터를 운영하고 있다. 독일 베를린을 근거지로 결성한 모험놀이터와어린이농장협회는 도시 텃밭과 모험 놀이터를 결합한 좋은 사례다. 모험놀이터와어린이농장협회는 놀이 활동가들과 도시 농장 활동가들이 10년의 노력 끝에 1994년 10월 설립했다. 이 단체는 지속 가능한 도시 개발을 촉진하기 위해 노력하며, 도시 어린이와 청소년을 위한 놀이 공간 관리를 지원한다.

좀처럼 땅을 구하기 힘든 도시에서 모험 놀이터를 만들려고 할 때 가장 큰 걸림돌은 부지 비용과 놀이터 조성과 관련한 법적 제약이다. 한국의 주요 도시들에서도 도시 텃밭이 늘고 도시 농업 인구가 증가했다. 도시 텃밭에 오는 가족을 위한 부대 시설로 우선 작은 모험 놀이터를 시작한다면 어떨까? 이미 도시농업협의회에서 이러한 논의들을 시작했다. 텃밭에 찾아오는 부모들과 함께 온 아이들의 놀 곳이 필요하기도 하지만, 이제 도시 농장은 단지 경작 공간만이 아니라 문화적, 생태적 휴식처이자 다양한 교류가 일어나는 사회적 공간이기 때문이다. 당장 상설 모험 놀이터 조성이 불가능하다면 우선 캠프 형태의 임시 모험 놀이터 운영을 생각해볼 수도 있다.

담장이 없으면 모험 놀이터가 아니다

모험 놀이터인지 아닌지를 구분할 수 있는 명확한 기준이 있다. 담장이 있으면 모험 놀이터고, 없으면 모험 놀이터가 아니다. 대개 어린이 놀이터에 담장까지는 아니더라도 펜스가 있는데, 담장 유무가 어떻게 모험 놀이터의 기준이 될 수 있느냐고 반문할 수 있다. 모험 놀이터에 필요한 담장은 입출입하는 아이들을 확인할 수 있는 문과 출입 절차를 전제로 한다. 대개 모험 놀이터에서는 어린이의 연령에 따라 부모 동반 여부, 연락처, 긴급 연락처, 안전사고 시 책임에 대한 사전 서명이 필요하다. 모험 놀이터는 다른 곳보다 위험과 모험 요소가 많기 때문에 더욱 안전에 유의한다.

모험 놀이터에서는 다른 곳에서는 허락하지 않는 다양한 활동들을 허락하고 있기 때문에 안전을 유지하고 놀이 활동가들이 관리할 수 있는 영역을 구분할 필요가 있다. 어떤 아이들이 들어오고 나가는지 알 수 있어야 한다. 감독하기 위해서가 아니다. 영국의 모험 놀이터 기준에 따르면 놀이 활동가들이 관리하는 영역을 담장으로 구분하지 않은 개방 놀이터는 안전한 모험 놀이터로 간주하지 않는다.

담장은 폐장 시간 뒤 보수와 청소를 위해서도 필요하다. 또한 사고나 범죄 방지를 위해서도 담장이 필요하다. 폐장 뒤에 놀이 활동가가 없는 상황에서 모험 놀이터로 비행청소년들이 들어오지 못하도록 예방하기 위해서다. 또한 모험 놀이터 밖 어른들의 세계와 어린이의 세계 즉, 어린이 공화국을 구분하는 시각적 장치이기도 하다. 종종 어른들의 눈에 모험 놀이터는 무질서하고 어지럽고 더럽게 보이기도 한다. 하지만 내부는 그러한 시선으로부터 자유로운 어린이들의 영토여야 한다.

모험 놀이터의 담장은 최소 2미터 높이로 만든다. 쉽게 담을 타고 넘어 오지 못하도록 한 조치다. 콘크리트, 철근, 목재 등 다양한 재료를 사용하며, 견고하고 시각적으로 매력적일 필요가 있다.

모험 놀이터의 건물들

대개 일반 놀이터엔 놀이 기구 외에 건물이 없다. 공원이 아니라면 범죄 발생 가능성이나 관리의 어려움을 이유로 화장실도 두지 않는다. 기껏 그늘막이나 정자가 있을 뿐이다. 이조차 없이 벤치만 몇 개 있는 곳들이 대부분이다. 최근엔 놀이터에 놀잇감과 놀이 장비를 보관하는 창고나 상자를 두는 사례가 아주 드물게 나타나고 있다. 모험 놀이터도 초기에는 장비나 재료

런던 엘트햄 노스(Eltham North) 모험 놀이터의 건물.
건물을 놀이 시설과 통합했다.

를 쌓아 두는 창고 정도가 유일한 놀이터 안 건축물이었다. 대부분 놀이는 야외 활동이었기 때문이다.

그러나 눈비가 내리거나 너무 추운 날씨에는 실내 활동이 필요하다. 이 때문에 점차 모험 놀이터에 실내 놀이 활동을 위한 건물들이 들어서기 시작했다. 건물을 세우기 어려운 경우에는 버려진 탑차, 버스, 컨테이너 박스를 많이 사용한다. 자금 사정에 따라 오두막이나 좀 더 복잡한 구조를 가진 다목적 청소년 센터로 짓는 경우도 있다. 모험 놀이터 건물에는 일반적으로 화장실, 샤워실, 창고, 놀이 활동을 위한 몇 개의 방이나 강당, 놀이 활동가 사무실, 기본적인 조리가 가능한 부엌이나 식당이 들어섰다. 그 외 놀이 활동이 가능한 공간들에서는 공예나 제작 활동, 보드게임 등 다양한 실내 놀이가 가능하다. 탁구대를 놓는 경우도 있다. 건물 자체를 놀이 기구와 통합한 사례도 적지 않다. 물론 자금 사정에 따라 이러한 편의 시설들의 수준과 규모는 각기 다르다. 어떤 건물도 없는 우리의 놀이터와 달리 유럽의 모험 놀이터에 어떻게 이런 건물들이 들어서게 됐는지를 이해할 필요가 있다.

모험 놀이터는 규제와 제약에 갇히기보다는 지역 주민들의 요구와 이해를 수용하며 변화해왔다. 이를 잘 보여주는 사례는 영국의 위버스 모험 놀이터다. 위버스 모험 놀이터 가까이에 사는 부모들 가운데 60퍼센트는 놀이터에서 아이들이 먹는 정크푸드가 몸에 해롭다고 생각했다. 부모들 가운데 80퍼센트는 놀이터에 건강한 음식을 직접 해 먹일 수 있는 실내 주방, 취사 시설이 있기를 원했다. 또한 60퍼센트 이상의 부모들이 놀이터에서 노는 아이들에게 건강한 음식을 먹이기 위해 자원봉사에 나설 의향이 있다고 답변했다. 이 놀이터 주변에는 정원이 따로 없는 소형 아파트가 대부분이었다. 이들은 정원이나 공원 같은 열린 장소에서 아이들과 요리를 하고 놀며 즐길 수 있는 장소를 원했다.

이러한 조사 결과를 바탕으로 위버스 모험 놀이터에 지역 공동체를 위한 놀이터 주방을 만들었다. 위버스 모험 놀이터는 단지 놀이 시설과 놀이터 주방만 있는 것이 아니라, 실내 공간에서 다양한 놀이 프로그램을 운영한다. 놀이 시설은 대부분 널빤지로 만들었다. 이곳에서 부모들과 아이들은 놀이터 운영에 참여할 수 있다. 또한 다양한 워크숍과 놀이 프로그램이 동호회원들에 의해 자발적으로 열린다. 이 놀이터는 아이들과 지역 부모들의 요구를 반영해 끊임없이 변화한다. 새로운 건물들이 이웃들의 힘이 합쳐져 놀이터에 들어섰다.

건축 놀이와 작업 놀이 구역

20세기 초 프랑스의 개혁 교육가 셀레스탱 프레네(Celestin Freinet)는 교육의 궁극적 목적을 "삶(=생명)의 기술(Techniques de Vie)"이라고 말했다. 아이들은 사실 놀이 욕구보다 작업(또는 제작) 욕구가 더 크다고 보았다. 수집, 수공예, 바느질, 목공, 조립, 요리, 원예, 농사, 건축과 같은 작업은 이미 오랜 기술 문화다. 전통 사회에서 제작은 일이면서도 놀이와 엄격하게 나뉘지 않았다. 제작은 생계 활동이기도 했지만, 자신의 공간에서 아무런 시간 제약 없이 자율적인 리듬에 맞출 때 놀이가 되었다. 그럼에도 우리는 놀이터에서 기술 놀이와 제작(작업)을 배제하고 놀이터를 좁은 의미의 신체 놀이 공간으로 축소해버렸다.

최근 DIY 제작을 강조하는 제작자 공방 운동(Makerspace Movement)에 대한 관심이 늘고 있다. 제작자 공방에선 종종 기물의 본래 용도와 사용 방법을 자유롭게 바꾸는 기술 놀이 경향이 나타난다. 이러한 기술 놀이는 새로운 기술의 창조와 혁신으로 발전할 가능성이 크다. 세계적으로 혁신 기업들 중에는 사무 공간과 연구 공간, 작업 공간을 놀이터처럼 꾸미는 곳들이 적지 않다. 그렇다면 놀이터를 기술 놀이를 할 수 있는 작업 공간으로 바꾸지 못할 이유가 없다. 특히 모험 놀이터는 아이들이 자유롭게 도구와 재활용 자재로 자신들의 놀이 구조와 시설, 기구를 만드는 건축 놀이 구역으로 시작되었다. 현대 모험 놀이터에서는 안전 등의 문제로 제작 놀이와 건축

캘리포니아 헌팅턴 비치 모험 놀이터 건축 구역의 안내판.
도구를 가지고 다른 구역으로 가지 말라,
못이나 쓰레기를 주워 오면 새 못으로 바꿔준다는 내용이 적혀 있다.

놀이를 자유롭게 할 수 있는 구역을 따로 둔다. 작업 놀이 구역, 건축 놀이 구역은 모험 놀이터인지 아닌지를 구분하는 또 하나의 기준이기도 하다.

건축 놀이를 위해 모험 놀이터에서는 구조 목재, 팔레트, 합판을 주로 사용하고, MDF와 코팅이나 이미 도색한 목재는 쓰지 않는다. 상대적으로 유연한 고무 재질의 폐타이어, 벽돌, 시멘트 블록, 스티로폼, 돌, 다양한 폐의류나 양탄자, 박스 종이, 나뭇가지, 수성 페인트와 도색 도구, 폐가구, 밧줄도 자주 사용한다. 모험 놀이터에서 건축 놀이나 작업 놀이에 사용하는 도구는 주로 망치, 손톱, 못(아연 도금 못 제외), 삽, 농기구, 흙을 갤 수 있는 교반통, 기타 기본 공구들이다. 모험 놀이터에서 놀이 활동을 위한 놀이 장비로는 롤러스케이트, 세발자전거, 하키 장비, 자전거, 놀이 카드, 종이, 박스 종이, 축구공, 보드게임물, 펜, 마커, 크레용, 페인트 등이 있다. 유럽의 모험 놀이터에는 닭장이나 새장, 가축우리가 있는데 주로 닭, 토끼, 기니어피그, 양을 키운다. 동물을 보살피고 사육하는 일도 하나의 작업 놀이이자 생명과 교감할 수 있는 계기가 된다고 생각하기 때문이다.

모험 놀이터의 고정 놀이 구조물

모험 놀이터라고 해서 모두 아이들이 만든 놀이 구조나 놀이 기구만 있는 것은 아니다. 고정 놀이 구조물도 필요하다. 아이들은 오르는 것을 좋아한다. 아이들은 높은 곳으로 오르며 도전 정신과 체력, 용기를 키우고 등반 기술을 익힌다. 또 아이들은 흔들리고 매달리고 미끄러져 내려오는 것을 좋아한다. 도심에는 아이들이 놀 수 있는 자연 지형과 숲이 없기 때문에 인공적인 놀이 구조가 필요하다.

모험 놀이터에 설치하는 고정 놀이 구조의 특징 가운데 하나는 일반 놀이 터에 비해 상당히 높고 크고 복잡하다는 것이다. 안전 울타리가 있고, 다양한 놀이 요소들을 복잡하게 연결한 대형 복합 놀이 구조가 일반 놀이터와 다른 점이다. 보통 이런 대형 복합 놀이 구조는 재활용 목재를 많이 사용해서 만든다. 장선(長線)이나 밧줄, 볼트와 너트 따위로 고정하는데 높은 전망 탑, 놀이 마루, 공중 밧줄 다리, 그물, 그네, 미끄럼틀 따위를 덧붙인다. 아무리 모험 놀이터라도 영국의 경우 이런 복합 놀이 구조물은 안전 법규에 따라 높은 수준의 설계 기준에 맞춰야 한다. 그만큼 전문적인 시공이 필요하다. 어쩔 수 없이 이러한 구조는 어른이나 전문가가 주도하는데 이때에도 어린이들에게 보조적으로 참여할 기회를 준다. 이 과정에서 아이들은 목공

킬번 그랜지 공원 모험 놀이터의 대형 복합 놀이 구조물.

기술이나 건축 지식을 익히고 배운다. 아이들의 체력과 능력, 기술 수준에 맞는 건축 기회가 주어져야 한다는 점을 간과해서는 안 된다.

예나 모험 놀이터에서 배우다

모험 놀이터에 대한 질문은 대개 놀이터 시설 조성에 대한 것이다. 놀이터를 여전히 물리적 시설, 놀이 기구로만 보기 때문이다. 놀이터를 만드는 전문가를 데려다 만들면 되는 것으로 착각한다. 물론 놀이터는 부지, 조경, 놀이 기구, 건물 등 물리적 시설이 필요하다. 하지만 이것만으로 모험 놀이터를 완성할 수 없다. 역설적으로 모험 놀이터는 완성하면 안 된다. 끊임없이 건설하고 파괴하고 재생해야 한다. 그 조건의 시작은 아마추어이지만 서서히 전문가가 되길 주저하지 않는 활동가들과 주민들이다. 더 중요한 조건은 다양한 놀이 활동과 프로그램이다. 재능을 가진 이웃, 활동가, 예술가, 장인들을 조직해야 한다. 모험 놀이터는 사람들의 조직이다. 이 점을 잊지 말아야 한다.

이렇게 설명해도 여전히 물리적 시설을 어떻게 조성할지 막연해 하는 사람들이 많을 것이다. 그런 이들을 위해 소박하게 꾸민 독일 예나(Jena) 지역 모험 놀이터를 소개한다. 이곳은 대략 6,600제곱미터(2천 평)로, 주변에 초등학교와 아파트, 재활용 시설, 할인점, 바닥재 전문점이 있다. 한쪽으론 폭넓은 도로가 있다. 차 소리가 나지만 도로변의 넓은 공유지가 장점이다. 모험 놀이터의 시설은 별게 없다. 다문화 텃밭, 공동체 정원, 7명이 함께 탈 수 있는 괴물 그네, 나무에 묶은 해먹, 모닥불 바베큐장, 널빤지 건축 구역, 카페 버스, 나무 집, 가축우리와 마당, 아동 놀이 구역 그리고 몇몇 건축물이

전부다. 모험 놀이터 밖에는 일반 놀이 기구를 설치한 놀이터가 있다. 괴물 그네 외에는 이곳에 특별한 놀이 기구나 시설은 눈에 띄지 않는다. 하지만 다양한 프로그램으로 언제나 지역 주민들과 아이들로부터 사랑받는다. 모험 놀이터에는 일반 놀이터와 다른 특별한 놀이 기구가 반드시 있어야 한다는 강박에서 벗어나자.

"왜 모험 놀이터인가?" 이 질문에 너무 오래 머물지 말아야 한다. 이제 "모험 놀이터를 어떻게 만들 것인가?"라고 물어야 한다. 모험 놀이터를 만들기 위해 꼭 필요한 정보와 지식을 수집하고. 관념적인 질문에서 벗어나 땅에 닿는 실천적인 질문을 해야 한다. 모험 놀이터에 적당한 부지는 무엇인가? 모험 놀이터에 어떤 구조와 시설을 만들 것인가? 모험 놀이터를 함께할 이웃들을 어떻게 조직할 것인가? 또 우리가 해야 할 질문들은 무엇일까?

스위스
클리베크 놀이터

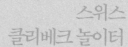

스위스에는 건물 안에 만든 모험 놀이터가 있다. 스위스 클리베크(Klybeck) 놀이터는 옛 마굿간을 모험 놀이터로 바꾼 곳이다. 등반 그물, 밧줄 다리, 해적 돛대, 미끄럼틀, 밧줄 정글짐, 점프 놀이, 그네 등 다양한 놀이 기구를 실내에 두었다. 이곳의 특징은 놀이들이 계속 바뀐다는 점이다. 이 놀이터는 스위스 바젤 클라이휘닝엔놀이협회에서 운영한다. GGG바젤, 쉰겐베르크(Singenberg) 재단 등 몇몇 민간 재단으로부터 기금을 받는다. 이 밖에 회원들의 회비와 정부 보조금 등으로 운영한다. 연회비는 40CHF(스위스 프랑)이다. 한화로 47,000원 정도. 주민들도 회원이다. 이 단체에서는 다양한 놀이 워크숍을 연다.

20

일반 놀이터에는 없고 모험 놀이터에는 있는 것들

모험 놀이터를 위험한 곳으로 간주하는 사람들이 많다. 사람들은 아이들의 '모험'과 '자유'가 필요하다고 생각하면서도 '위험'과 '무질서'를 걱정한다. 모험 놀이터는 위험하고 무정부적이라며 주저한다. 적당한 관심과 나태한 이해는 늘 환상이나 악담을 만들어낸다. 모험 놀이터가 위험하다는 인식은 오해다. 교육학 교수인 조 프로스트(Joe Frost)는 휴스턴의 마운틴 파크 모험 놀이터에서 4개월 동안 발생한 부상에 대해 조사했다. 조사 결과 이곳을 이용한 15,000여 명의 아이들 가운데 단 0.014퍼센트만이 부상을 입었다. 찰과상이나 무릎이 까지는 정도의 아주 가벼운 부상을 포함한 수치다. 이 정도 부상율도 높다고 생각하면 어쩔 수 없다. 자라면서 넘어지고 조금 다치는 경험조차 두려워한다면 정작 중요한 점을 놓친다. 부모들이 주의할 점은 치명적 위험과 부상이다. 아이들은 작은 부상을 겪으며 치명적 위험으로부터 자신의 안전을 지킬 수 있는 능력과 주의력을 키운다.

의외로 안전 규제를 강조하며 만든 공공 놀이터에 비해 모험 놀이터의 사고율이 현저히 낮다는 연구 결과가 곳곳에서 발표되고 있다. 미국에서 매년 14세 이하 어린이의 체육 활동 관련 사고는 3백 5십만 건 정도, 아동 보호 센터나 학교 놀이터에서의 사고는 2십만 건에 달한다. 대부분 낙상 사고인데, 대략 병원 치료가 필요한 사고의 70퍼센트 정도를 차지한다. 대부분 공공 놀이터에는 안전한 완충 바닥이 깔려 있고 안전 지침에 맞게 만든 놀이 기구들을 설치했는데도 이런 사고들이 발생한다. 반면 모험 놀이터는 완충 바닥이 없어도 여러 가지 이유로 안전 사고 발생률이 상대적으로 매우 낮다. 모험 놀이터는 대다수 사람들의 선입견과 달리 훨씬 안전하다. 그 이유는 일반 놀이터에는 없고 모험 놀이터에만 있는 것들이 있기 때문이다.

지침과 규칙

이상적인 모험 놀이터는 아이들이 자유롭게 건축 놀이를 할 수 있는 구역이 있지만, 생각보다 안전한 곳이다. 모험 놀이터는 아이들이 자유롭게 놀이 구조를 만들 수 있도록 허락하지만, 몇 가지 반드시 지켜야 할 기본적인 지침과 규칙이 있다. 아이들은 지침과 규칙을 준수하는 선에서 자유롭게 건축 놀이와 제작 놀이를 할 수 있다. 단, 너무 많은 금지 목록보다 간단한 몇 가지 최소 지침과 규칙이 필요하다. 아이들이 충분히 숙지할 수 있는 최소 규칙과 지침이 자율적인 안전 행동과 주의를 이끌어낸다. 아이들은 서로 이러한 규칙과 지침을 자연스럽게 나누고 따르는 문화를 만들고 전파한다. 기존 공공 놀이터에는 규칙과 지침이 없지만, 모험 놀이터에는 어린이 사회에서 자연스런 문화로 자리 잡는 규칙과 지침이 있다. 또한 놀이 기구마다 특징에 따라 상세한 안내와 안전 규칙을 적은 안내판은 모험 놀이터에서 흔하다.

　미국 뉴욕주 머서 아일랜드의 딘 어린이 공원(Deane's Children's Park) 안 모험 놀이터의 규칙과 영국 에식스(Essex) 모험 놀이터의 규칙을 소개한다.

| 딘 어린이 공원 모험 놀이터의 규칙 |

❶ 놀이터에 들어가기 전에 직원에게 등록하세요.

❷ 부모는 등록 신청 시 아이를 이곳에 맡기겠다는 데 동의하고 서명해야 합니다. 단, 12세 미만의 어린이는 어른과 반드시 동반해야 합니다.

❸ 발가락이 닿힌 단단한 구두나 신발이 필요합니다(샌들, 슬리퍼, 모카신 등 부드러운 신발을 신어서는 안 됩니다).

❹ 안전, 안전, 안전. 항상 주위를 살피고 안전을 염두에 두십시오!

❺ 높이가 약 2미터가 넘지 않도록 구조물을 만들어야 합니다.

❻ 쓰레기는 쓰레기통에 버리십시오.

❼ 톱은 어른과 함께 12세 이상의 어린이만 사용할 수 있습니다.

❽ 도구 상자와 도구를 항상 확인하십시오. 빌린 것은 반드시 반납해야 합니다.

❾ 응급 상황이 발생했을 때는 직원에게 즉시 알려야 합니다.

❿ 모험 놀이터에는 반려견과 함께 들어올 수 없습니다.

⓫ 고정 놀이 구조물을 제거하거나 분해하지 마십시오.

⓬ 다른 사람들을 존중하십시오.

⓭ 모든 직원들의 지시에 따르십시오.

⓮ 재미있고 창조적으로 놀기 바랍니다.

| 에식스 모험 놀이터의 안전 규칙 |

❶ 놀이터에 지도할 어른이 있거나 안전 점검 후에만 입장할 수 있습니다.

❷ 늘 주의 깊고 안전하게 행동해야 합니다. 항상 발밑을 주의하십시오.

❸ 장비를 사용하지 않을 때엔 작업대를 안전하게 치우십시오.

❹ 미끄럼틀 끝에는 아무것도 두지 마십시오. 미끄럼틀은 미끄럼 놀이만을
위해 사용하십시오. 뛰어내리거나 뛰어오르지 마세요.

❺ 해적선 지붕 위로 올라갈 때 너무 많은 사람들이 한꺼번에 올라가지 마
십시오. 평평한 지붕 위에 앉아주시고, 지붕 가파른 꼭대기로 올라가지
마세요.

❻ 그네에는 한 사람씩만 탑니다.

❼ 밧줄 회전 놀이 기구를 사용할 때는 놀이 기구 밑으로 들어가지 마십시오.
 - 한 번에 5명 이상 타지 마시고, 발은 땅에 닿지 않게 하십시오.
 - 회전 놀이 기구는 단 2명만 돌리십시오.
 - 회전 놀이 기구가 너무 높이 올라가지 않도록 하세요..
 - 회전 놀이 기구를 돌리기 전에 반드시 모든 아이들을 점검하세요.
 - 다른 아이들은 반드시 녹색 구간 뒤로 떨어져 기다려야 합니다.

❽ 뺑뺑이를 탈 때는 한 구역에 2명씩만 타십시오.
 - (너무 빨리 돌아가지 않도록) 한 번에 2명만 돌리세요.

❾ 밧줄 그네를 탈 때는
 - 그네를 머리 높이 이상으로 너무 높게 밀지 마세요.
 - 그네 밑으로 매달려서 흔들거리지 마세요.
 - 한 번에 2명 이상 타지 마세요.

❿ 롤러스케이트보드를 탈 수 없습니다.

모험 놀이터에서 항상 안전에 주의하세요.

이용 제한, 부모 연락처와 안전 보험

모험 놀이터에서 안전 사고율이 낮은 까닭은 이용 제한 규칙 때문이다. 기본적으로 아이들은 자유롭게 모험 놀이터에 드나들 수 있다. 단 대부분의 모험 놀이터는 5~6세 이하, 어떤 모험 놀이터에서는 12세 이하 어린이는 부모 없이 혼자 입장할 수 없다. 부모와 함께 왔거나 5~6세 이상 어린이라도 모험 놀이터 안에서 하루 3시간 이상 따로 떨어져 놀 수 없다. 대개 주중에는 하루 3~4시간 정도만 개장하고, 주말이나 방학에 시간을 연장한다. 방학이라도 하루에 5~6시간 이상 놀지 못하게 한다. 적절한 놀이 시간을 보장하는 만큼 과도하게 놀지 않도록 제한한다. 모험 놀이터에 들어올 때 등록이 필요하고, 부모 연락처를 관리하고 있어서 사고가 발생할 경우 신속

버클리 모험 놀이터 입구에 있는 표시.
사전에 주의 사항을 읽고 서명할 것을 요구하고 있다.

하게 아이의 부모에게 연락할 수 있다. 모험 놀이터는 아이를 하루 종일 맡길 수 있는 어린이집의 대안이 아니다. 모험 놀이터들은 사고에 대비해서 안전 보험을 들곤 한다. 하지만 기본적으로 모험 놀이터에서 발생한 사고에 대해 책임을 지지는 않는다. 부모가 이점에 동의하고 사전에 서약한 경우에만 아이는 모험놀이터를 이용할 수 있다.

반면 일반 놀이터들은 어떤가? 놀이 기구만 안전하게 만들면 안전은 유지될 것이라는 생각은 책임 회피다. 놀이터의 안전은 물리적 구조의 안전 규정 준수만으로 지켜지지 않는다. 안전 규칙과 문화, 안전을 점검하고 지키는 놀이 활동가, 부모의 책임 의식과 안전 규칙 준수가 전제될 때 보장된다.

활동별 구역

잘 만든 놀이터는 놀이 기구의 특징, 놀이의 유형, 이용 연령대 등에 따라 놀이 구역을 구분한다. 모험 놀이터에서 질서와 안정을 만드는 방법 중 하나는 활동별, 연령별 놀이 구획이다. 예를 들어 불장난은 허락된 장소에서만 가능하다. 목재로 요새를 만드는 건축 작업 장소나 나무 오두막이 있는 곳에서는 불장난을 할 수 없다. 또한 물놀이 구역, 텃밭 놀이 구역, 복합 놀이 구조물을 구분한다. 모험 놀이터엔 유아들이 놀 수 있는 유아 놀이 구역을 따로 만든다. 이곳에서는 도구나 장비를 가지고 놀 수 없고, 5~6세 이상 어린이들도 이곳에서 놀 수 없다. 뿐만 아니라 적지 않은 모험 놀이터에는 안전하고 아늑하게 쉬고 놀 수 있는 실내 놀이 공간이 있다. 단지 구획이 나뉘어 있는 것뿐만 아니라 놀이 구획을 준수하도록 하는 규칙과 감독, 문화가 있다는 점을 주목해야 한다.

어린이 건축가와 놀이 활동가

기존 놀이터에서 아이들은 단지 놀이터의 이용자이지만 모험 놀이터에서는 놀이터의 주인이다. 아이들은 놀이터를 만드는 과정에 참여하기 때문에 훨씬 더 놀이터의 환경과 상태에 주의를 기울이고 책임 의식을 느낀다. 아이들은 그곳을 자신의 영토이자 영역으로 여긴다. 모험 놀이터의 놀이 기구들이 부실하거나 위험해 보여도 안전이 유지되는 까닭은 책임성 있는 어린이 건축가들이 있기 때문이다. 아이들은 자발적으로 모험 놀이터의 놀이 기구와 구조를 점검하고 보수하고 위험을 없앤다. 물론 놀이 활동가들은 아이들이 놀고 있는 중에도, 아이들이 돌아간 뒤에도 아이들이 만든 놀이 공간과 구조의 안전을 수시로 점검하고 보완한다.

다른 무엇보다 모험 놀이터를 특징 짓는 요소 중 하나는 놀이 활동가들이다. 모든 모험 놀이터에는 아이들의 놀이를 지도하는 놀이 활동가나 놀이 지도자가 있다. 놀이 활동가들은 강압적으로 아이들의 놀이를 지시하지 않고 최소 개입만 한다. 하지만 놀이 활동가들은 안전에 대해 사전에 훈련을 받고, 지속적으로 놀이터에서 벌어지는 일들에 주의를 기울인다. 영국의 모험 놀이 단체인 플레이웨일즈(Playwales)가 공개하고 있는 놀이 활동가 원칙을 통해 놀이 활동가들에게 어떤 역할과 자질이 필요한지 엿볼 수 있다. 플레이웨일즈의 놀이 활동가 원칙은 전문적이고 윤리적인 놀이 활동의 규범을 정하고 있다. 특히 어떤 점이 놀이와 놀이 활동의 특징인지에 대해 설명하고, 어린이들과 함께하는 데 필요한 관점을 제공한다. 놀이 활동의 원칙은 보다 광범위한 놀이 환경과 놀이 기회를 제공한다면 아이들 스스로 능동적으로 성장할 수 있다는 인식에 바탕을 두고 있다.

❶ 모든 아이들은 놀 필요가 있다. 놀이 충동은 본능이다. 놀이는 생태적이고 심리적이며 사회적인 필요이다. 놀이는 건강한 성장, 개인과 지역 공동체의 행복한 삶을 위한 기초이다.

❷ 놀이는 자유롭게 선택되고, 개개인에게 본능적인 동기가 부여되는 과정이다. 즉, 아이들은 자신의 본능과 발상과 관심에 따라, 자신만의 이유와 방법에 따라 놀이의 의도와 내용을 조정하고 결정한다.

❸ 놀이 활동의 주요 목표와 핵심은 놀이 과정을 원활하게 하고 보조하는 것이다. 놀이 활동은 놀이 정책, 전략, 훈련, 교육 발전에 관한 정보를 제공하는 것이다.

❹ 놀이 활동가들을 위해 놀이 과정이 선행되어야 한다. (즉 사전에 놀이 과정을 훈련하고 교육해야 한다.) 놀이 활동가들은 어른들이 이끄는 의제에서 놀이의 옹호자로서 역할을 해야 한다.

❺ 놀이 활동가들의 역할은 모든 어린이들이 스스로 놀 수 있는 공간을 창조하도록 돕는 것이다.

❻ 놀고 있는 아이들에 대한 놀이 활동가들의 대응은 놀이 과정에 대한 최신 지식과 사려 깊은 실천에 바탕을 두고 있어야 한다.

❼ 놀이 활동가는 놀이 공간과 아이들에 대한 자신의 영향력을 인식해야 한다.

❽ 놀이 활동가는 아이들이 스스로 놀이를 확장할 수 있도록 개입 방식을 선택해야 한다. 모든 놀이 활동가들의 개입은 유익한 위험과 안전 사이에서 균형을 유지해야 한다.

모험 놀이터 관리자의 자격, 역할과 임무

영국 그레이트 런던 지역에서 6곳의 모험 놀이터를 운영하고 있는 이즐링턴놀이협회(Islington Play Association)의 구인 공지를 보면 놀이 활동가, 특히 모험 놀이터 관리자의 자격, 역할과 임무가 무엇인지 구체적으로 파악할 수 있다. 모험 놀이터 관리자나 놀이 활동가에게 요구하는 요건이 만만치 않다. 능력, 혁신성, 가치 준수, 신중함(사려 깊음), 놀이 옹호, 책임성, 적극성 등이 핵심이다. 또한 다음과 같은 경험과 능력이 필요하다.

- 도심에서 놀이와 관련한 전임 경험.
- 직원, 예산, 건축물 관리 경험.
- 팀원과 효과적 의사소통 능력과 감독 경험.
- 어린이, 청소년과 공감하고 그들을 지원할 수 있는 능력.
- 안전 지도를 포함한 보건, 안전 요구 사항에 대한 이해 능력.
- 협력의 경험.
- 관리 정보 시스템을 이해하고 사용하는 능력(전산 능력).
- 행정 업무 수행을 위한 수리력, 문해력, IT 기술, 보고서 작성, 프로젝트 기획 및 금융 거래 관리 능력.

다음과 같은 추가 역량도 요구한다.

- 놀이 구조물 설계, 건축, 유지 보수 작업 능력(주로 목공, 용접 등).
- 놀이터 관리자는 놀이터 분야 국가직업자격 NVQ 최소 3등급 이상. (영국

은 놀이터 활동가들에게 국가 자격증을 요구한다.)

- 어린이 발달에 대한 놀이 가치 이해 능력.
- 놀이터 개발을 위한 외부 자금 조달 수행 실적.
- 무사고 운전면허증.
- 적절한 생명 유지와 안전을 위한 응급조치 자격.

이즐링턴놀이협회는 모험 놀이터 관리자의 주요 임무와 책임에 대해서도 상세하게 소개하고 있다. 놀이터의 변화를 예견할 수 있고 직업적 놀이 활동가와 놀이터 관리자들이 조금씩 등장하고 있는 현 시점에 주목할 내용이다.

❶ 위험가치평가(risk-benefit assessments)에 따라 어린이와 청소년에게 위험을 감내하고 도전할 기회를 보장한다.

❷ 어린이, 청소년, 팀원과 다양한 놀이 경험을 포함한 놀이 프로그램을 계획하고 실행한다.

❸ 놀이터 직원과 자원봉사자를 관리하고 지도한다.

❹ 어린이와 청소년이 쉽게 다양한 놀이에 사용할 수 있도록 놀이터 곳곳에 자재들을 분산 배치한다.

❺ 주간, 방과 후, 저녁 시간, 주말, 휴일에도 어린이들에게 최대한 도움이 될 수 있도록 작업에 전념한다.

❻ 놀이터 개발 직원의 지도 아래 다음을 준수한다.
 - 이즐링턴놀이협회 정책과 유엔 아동권리 31조 등 현재 놀이에 관한

철학과 증언들에 맞춰 서비스를 제공한다.

- 어린이와 청소년의 상담자가 된다.

- 미래와 현재에 필요한 작업에 대해 보고하고 평가한다.

- 놀이와 관련한 현재 법규와 지역과 국가적 과제, 일상 놀이 활동에 관한 정보를 지속적으로 파악한다.

- 지역에서 어린이, 청소년과 관계를 유지하고 발전시킬 때 전문적 영역 안에서 수행한다(즉, 전문적 지식과 경험을 요구하는 사안에 대해 해당 분야 전문가와 협조한다).

❼ 아이들과 함께 모험 놀이터 구조를 개선하거나 건축하고 유지한다.

❽ 지속적으로 모험 놀이터의 수준을 발전시키고 지역 어린이와 청소년의 요구에 맞추며, 이즐링턴놀이협회의 주요 우선 순위에 따라 대응한다.

❾ 어린이들과 청소년들이 놀 수 있도록 부모, 보모, 교사, 사회 활동가, 다른 관계 전문가들과 협력한다.

❿ 지역 사회의 다양한 모임과 관계를 맺고 작업을 기획하고 발전시킨다.

⓫ 모든 놀이터 정책과 실행에 관해 신입 직원을 지도한다.

⓬ 업무 절차에 따라 관리 직원과 함께 자금 흐름 등의 관리를 위해 IT 시스템을 활용한다.

⓭ 적절한 경우 수석 전문가로 활동하는 것을 포함해 공통 평가 체제 및 보다 강력한 가족 프로그램과 관련한 절차를 따라야 한다.

⓮ 놀이터 개발 직원과 합의한 서비스 결과 및 산출물, 개인 평가 목표를 달성한다.

⓯ 시민과 소통을 유지하고, 우편 발송, 회의, 감독, 세미나 및 기타 행사와

훈련 기회에 건설적으로 참여한다.

⓰ 정보보호법 및 기타 법규를 적절하게 준수하면서 의무를 수행하는지 확인한다.

⓱ 보호 절차 및 아동보호법에 따라 행동하고, 어린이의 안전, 건강 및 복지에 대해 사려 깊게 조심하며 행동한다.

⓲ 모든 면에서 평등과 평등한 기회를 증진시켜 아동 관련 조직들과 협력한다.

⓳ 상급 관리자가 지시한 다른 적절한 업무를 수행한다.

모험 놀이터에 있고, 일반 놀이터에 없는 것들이 무엇인지 살펴보았다. 규칙과 지침, 문화, 등록 절차, 안전 보험, 어린이 놀이 건축가, 놀이 활동가와 활동 원칙, 독특한 문화 등 여러 가지 요소들이 모험 놀이터의 안전과 가치를 유지한다. 반면 우리 주변의 놀이터는 물리적 구조와 시설의 안전만으로 모든 것을 보장하려 한다. 모든 물리적 구조와 시스템을 완벽하게 하는 것은 결국 사람이다. 그 사람이 어린이든, 부모든, 활동가든, 지역 사회 구성원이든, 공무원이든 사람의 관심과 손길, 책임과 의무를 인식하고 참여할 때 비로소 물리적 구조와 시설은 쓸모를 갖게 된다. 놀이터가 놀이터다우려면 그곳에 놀이터를 가꾸고 놀이 활동을 채우는 사람들의 발길과 손길이 있어야 한다. 놀이터는 물리적 구조로만 완성되지 않는다. 그곳엔 지역 공동체가 필요하다. 놀이터 시민 사회를 만들어야 한다.

베를린의 신뢰받는 청소년 복지 기관(일종의 협회)인 프렌츨라우어베르크놀이문화협회 (Spiel/Kultur Prenzlauer Berg e.V)에는 유치원, 탁아소, 학교, 모험 놀이터, 청소년 농장 등 어린이 청소년 시설이 참여하고 있다. 이 기관에 속한 모험 놀이터 콜레37(Kolle37)은 모험과 건축을 강조한다. 하지만 이곳에서는 과거 놀이버스의 전통을 이어받아 다양한 공예 활동이 이루어진다. 만약 한국에서 모험 놀이터를 만들고자 한다면 이곳을 면밀히 검토할 필요가 있다. 콜레37 놀이터를 이해할 수 있는 키워드 가운데 하나는 '클럽하우스 놀이터'이다. 즉 입장을 명확히 갖는 회원제 놀이터라는 점이다. 사실 이 모험 놀이터를 이야기하면서 소개하고 싶은 내용은 이들의 선언서이다. 아래 선언서를 통해 이 모험 놀이터가 정치적, 사회적 변화에 대응하려 하고 지역 사회의 정치적 논쟁을 피하지 않는 진취적인 곳임을 알 수 있다. 사회적으로 평등과 다양성, 개방성을 추구하는 곳이다.

"손과 두뇌 – 우리는 모든 감각을 위해 어린이와 청소년에게 경험을 제공합니다."

모험 놀이터 콜레37은 어린이와 청소년에게 다양한 경험을 제공합니다. 놀고 실험하면서 새로운 것을 발견하고 학습할 수 있습니다. 다른 사람들과 아이디어를 교환하고 시도할 수 있습니다. 콜레37은 열린 공간, 워크숍 및 놀이 시설로 이러한 활동을 제공합니다.

"혁신성과 전문성 – 우리는 혁신적으로 행동하고 전문적으로 행동합니다."

콜레37은 많은 다른 기관들과 협력하는 열린 공간입니다. 방문객에게 안전과 신뢰할 수 있는 장소를 제공하고, 지역과 함께 정치적 토론의 필요에 대응합니다. 이를 위해 직원들은 끊임없이 스스로를 교육합니다.

"나 그리고 우리 – 우리는 개인의 발전뿐만 아니라 사회 공동체를 지향합니다."

평등, 참여 및 자기 결정은 놀이터에서 일하는 원칙입니다. 다양성을 존중하는 마음으로 다른 사람들을 대할 때 자유로울 수 있습니다.

"도전과 혼란 – 우리는 사회 변화에 기여하고 낯선 생각을 부끄러워하지 않습니다."

콜레37은 변화의 장소입니다. 신뢰를 무너뜨리지 않으면서 도전을 통해 변화를 일으킬 위험을 무릅쓰고 있습니다.

21
모험 놀이터의
5대 핵심 과제

모험 놀이터를 만들려면 반드시 해결해야 할 과제가 있다. 모험 놀이터는 낭만적인 기대와 무모한 희망, 용기로 시작하지만 오랫동안 유지하기 위해서는 그 이상이 필요하다. 수십 년 역사를 지닌 모험 놀이터들은 매 순간 직면하는 과제들을 용감하게 그리고 꾸준히 해결하며 버텨왔다. 모험 놀이터의 5대 핵심 과제로 디자인, 안전과 책임, 지역 공동체 참여, 기금 조성, 부지를 꼽을 수 있다.

디자인 없는 놀이터와 디자인 사이에서

덴마크에 최초로 등장한 모험 놀이터는 디자인이라 할 것이 없었다. 대다수 모험 놀이터가 잡동사니로 어설프게 만든 시설로 가득 차 있었다. 그럼에도 모험 놀이터는 지역의 문화적 자산이다. 모든 놀이터는 시설이나 외관보다도 아이들이 즐겁게 웃으며 창조적으로 놀고 있을 때 가장 아름답다. 디자인이 아무리 멋지더라도 고정된 놀이 시설은 지속적인 재미를 주지 못한다.

놀이터는 변화 가능할 때 매혹적인 공간이 될 수 있다. 전통적으로 모험 놀이터는 디자인 없는 비구조적 놀이터를 지향했다. 여러 활동 구획이 나뉘어 있지만 필요와 요구에 따라 계속 확장하거나 바뀔 수 있는 곳이 모험 놀이터다.

반면 캘리포니아주 어바인 대학 공원 모험 놀이터(Irvine's University Park Adventure Playground)는 현대 모험 놀이터의 변화를 보여준다. 유럽과 달리 미국에서 모험 놀이터는 널리 퍼지지 않았다. 안전 규제, 놀이터 건축 관련법과 제도, 문화적 선입견에 맞서거나 타협해야 했기 때문이다. 어바인 모험 놀이터는 1970년대 몇몇 도시의 아이들이 어른들의 간섭을 피하기 위해 버려진 건축 현장에 잡동사니를 끌어 모아 자기들만의 영토를 만들면서 시작되있다. 아이들이 만든 놀이 영토는 1990년 문을 닫았다. 하지만 2016년 시민 활동가들과 그곳에서 놀면서 자란 지역 주민들, 지자체가 힘을 합쳐 이곳에 새로운 현대적 모험 놀이터를 다시 열었다. 이곳은 유럽의 전통적인 모험 놀이터와 사뭇 다르게 디자인되었다. 어바인 모험 놀이터에는 3

어바인 모험 놀이터의 수렁과 레고블록 건축 놀이 공간.

개의 물 펌프와 시멘트 미끄럼틀, 오르기 장대, 모래밭, 수초가 자라는 작은 웅덩이, 숨바꼭질 장소로 사용할 수 있는 대나무 숲, 텃밭 정원 그리고 밧줄과 그물, 놀이 탑을 결합한 대형 조합 놀이대가 있다. 이곳이 과거 모험적인 건축 놀이터라는 점을 떠올리게 하는 것은 놀이터 마당에 펼쳐진 대형 레고블록 더미들이다. 아이들은 폐자재 대신 대형 레고블록을 사용해 자신들의 상상대로 놀이 구조와 공간을 만들 수 있다.

어바인에서 볼 수 있듯이 현대 모험 놀이터에서는 위험한 건축 놀이 영역이 축소되거나 사라진 대신, 도시 농장, 도시 정원과 같은 생태적 요소와 자연 수로, 대나무 숲과 같은 환경적 조경 디자인을 적용하기 시작했다. 모험 놀이터의 전통에서 벗어나고 있지만, 지나친 개발을 저지하는 도심의 중요한 생태 공간이 되고 있는 셈이다. 유럽의 농장형 모험 놀이터에서처럼 가축들은 점점 줄어들었지만, 한편에선 야생동물이 서식할 수 있는 도시의 틈새 서식처가 되었다. 모험 놀이터는 산업화한 도시를 복구하는 도시 재생의 공간이자 도시 어린이들이 생태적 감수성을 키울 수 있는 장소가 되고 있다.

모험 놀이터의 가장 적절한 디자인 가이드는 모험 놀이터를 만들고자 하는 지역 상황과 유사한 모험 놀이터 사례들이다. 이 책에서 소개한 모험 놀이터 사례들을 꼼꼼히 살펴보길 바란다. 일반 공공 놀이터처럼 놀이 기구와 조경 디자인을 먼저 고려할 필요는 없다. 우선 기존 놀이터에서 쉽지 않았던 흙 놀이, 불놀이, 물놀이, 제작 놀이, 건축 놀이를 위한 활동 구획을 나누고 최소한의 조건과 환경을 만드는 데서부터 시작할 수 있다. 또한 놀이터를 만들기 전에 모험 놀이 캠프를 운영해보는 것도 좋다. 캠프 경험이 모험 놀이터를 위한 실질적인 디자인 가이드가 되기 때문이다.

숨은 위험을 없애는 놀이터

모험 놀이터의 놀이 지도자는 놀이터의 안전을 보장해야 한다. 어떤 경우라도 놀이 프로그램을 진행하기 전에 미리 위험 요소들을 점검하고 숨은 위험을 없애야 한다. 놀이 지도자는 도구를 이용해 작업을 하는 아이들의 안전에 특히 주의해야 한다. 또한 아이들의 안전을 위해서 놀이터 이용 인원을 적정한 규모로 유지해야 한다. 놀이터에 놀이 지도자나 활동가가 없을 경우 어린이의 출입과 이용을 금지해야 한다. 많은 연구 결과 모험 놀이터에서는 놀이 활동가나 부모의 지도와 주의가 있기 때문에 일반 놀이터에 비해 사고율이 낮아질 수 있었다.

모험 놀이터에 아이를 보낼 때 부모는 사고에 대한 개인 책임에 동의하고 규칙을 지키고 놀이 활동가의 지시에 따를 것을 서약해야 한다. 영국의 경우 지역별로 여러 모험 놀이터를 공동으로 운영하는 재단이나 기관, 협회들이 있는데, 이들 단체는 안전 사고에 대비한 최소 조치로 보험에 가입하고 있다. 모험 놀이터에 아이를 보내는 부모는 놀이터에서 크고 작은 사고와 부상이 있을 수 있다는 점을 인지하고 부상 발생 시 보험에 의한 보상과 조치 이외의 책임을 요구하지 않을 것을 서면으로 약속해야 한다.

지역 공동체의 지원과 주민 참여

모험 놀이터는 태생적으로 주민 참여와 지역 공동체의 지원 없이는 운영할 수 없다. 일반 공공 놀이터와 모험 놀이터를 구별 짓는 것도 지역 공동체의 지원과 주민 참여라고 할 수 있다. 지역 공동체의 지원을 끌어내기 위해서는 4가지 방향에서 접근이 필요하다. 첫째는 어린이 발달과 놀이에 대해 이해하고 있는 부모들과 단체 활동가들의 지원을 끌어내야 한다. 둘째는 지역 공동체 안에서 어린이 관련 활동에 참여하고 있는 사람들이다. 학교, 유치원, 어린이집 교사, 놀이 활동가, 사설 체육관이나 학원 관계자의 지원과 모험 놀이터에서 공동 활동이 자주 벌어져야 한다. 셋째는 모험 놀이터의 시설 조성과 보수에 기여할 수 있는 기술을 가진 지역 목수와 용접사, 건축이나 예술과 관련한 장인과 작가이다. 넷째는 모험 놀이터 조성과 유지를 위해 다양한 재활용 자재와 재료를 지원할 수 있는 기관, 기업, 개인이다. 모험 놀이터를 만들기 전부터 이들의 목록을 작성하고 지속적인 지원과 참여를 조직할 필요가 있다.

기금 조성

모험 놀이터의 설계, 조성, 관리, 놀이 활동가 임금, 프로그램 운영 등에 지속적으로 비용이 든다. 모험 놀이터는 기본적으로 무료 이용이지만, 부모들이 연회비를 내거나 단체 이용객에게 돈을 받는 경우도 있다. 그 외에 지방 정부의 지원, 기업이나 재단의 기부금, 개인·단체·기업의 후원금으로 유지한다. 따라서 모험 놀이터는 매년 예산을 세우고 기금 모금 활동을 수시로 벌여야 한다. 아이들이 즐겁게 노는 모습 자체가 가장 효과적인 기금 모금 활동이다. 특히 모험 놀이터를 조성할 때 부지 구입이나 임대 비용, 세부 공사비 외에도 상당한 비용이 필요하다.

　나라나 지역, 조성 조건에 따라 다르겠지만 모험 놀이터를 만들고자 하는 이들이 대략적인 감을 잡을 수 있도록 케임브리지 시가 1999년 공공 프로젝트로 모험 놀이터를 조성할 때 세웠던 예산안을 소개한다. 만약 철거물이 없고, 부지는 자연 지형을 최대한 그대로 이용하며, 별도 조경비가 들지 않는 조건이라면 비용을 줄일 수 있다. 도구나 장비, 자재를 기증 받고, 주변 담장 설치와 기타 작업에서 지역 주민들의 자원봉사가 있다면 인건비 역시 절감할 수 있다. 공공 프로젝트가 아니라 민간 프로젝트로 진행한다면 비용을 더 줄일 수 있을 것이다.

- 철거, 부지 준비 : 아스팔트 제거, 터 파기, 평탄 작업, 부지 준비 : 1,000달러(약 1,100만 원).
- 각종 설비 : 배수, 배관, 안전등, 경고 알람 : 30,000달러(약 3,400만 원).
- 보도, 연석, 안전 바닥 : 내부 보도, 입구, 트럭 진입로 : 40,000달러(약 4,500만 원).
- 주변 담장, 조경 완충 : 담장과 주변 완충 조경 : 80,000달러(약 9,000만 원).
- 창고, 사무실 : 자재, 도구를 보관할 창고 : 70,000달러(약 7,900만 원).
- 도구, 장비 : 안전모, 망치 및 각종 건축 도구 : 10,000달러(약 1,100만 원).
- 자재 : 건축, 페인팅 자재 등(건축 놀이 활동) : 20,000달러(약 2,200만 원).
- 유지 관리 : 조경 및 구조 관리, 청소 등 : 10,000달러(약 1,100만 원).
- 놀이 지도자 : 급여 : 30,000달러(약 3,400만 원).
- 총액 : 291,000달러(약 3억 3,700만 원).
- 예비비 : 29퍼센트 : 60,000달러(약 6,700만 원).

가장 어려운 과제, 놀이터 부지 확보

모험 놀이터는 최소 2,000제곱미터(약 600평) 이상의 부지가 필요하다. 평지보다 입체적이고 본래의 지형이 살아 있는 곳이 좋다. 주택가에서 가까워 아이들의 접근성도 좋아야 한다. 한국처럼 밀집도가 높고 지가가 높은 도시에서는 주택가 가까이 모험 놀이터를 조성할 부지를 얻기란 쉽지 않다. 기존 놀이터나 공원을 모험 놀이터로 바꾸거나, 이전 뒤 오랫동안 개발하지 않고 있는 공장이나 철도 차고, 공공 시설 부지를 한시적으로 모험 놀이터로 활용할 수 있다. 이용객이 많은 대규모 공공 건물이나 대형 마트의 옥상도 검토해볼 수 있다.

역사적으로 모험 놀이터는 주민들이 무단 점거한 장소에서 시작되곤 했다. 런던 셰익스피어 산책로 인근 주민들은 오랜 철거와 도시 재개발로 파괴된 마을에서 아이들이 마음껏 놀기 위한 공간을 마련하기 위해 1976년부터 무단 점거를 시작했다. 지금도 주민들은 모험 놀이터를 유지하고 있다. 바로 셰익스피어 산책로 모험 놀이터(Shakespeare Walk Adventure Playground)이다. 이곳은 런던 플레이로부터 몇 년에 걸쳐 개방성이 가장 높다

셰익스피어 산책로 모험 놀이터.

는 평가를 받았다.

런던의 다른 모험 놀이터들과 마찬가지로 이곳 역시 격렬한 젠트리피케이션과 철거 투쟁의 현장 위에 세운 놀이터다. 런던에 있는 많은 모험 놀이터가 가장 뜨거운 부동산 투기 지역 끝자락에 자리 잡고 있다. 개발을 위한 철거, 젠트리피케이션에 맞서 세입자, 상인, 빈민 들이 격렬하게 저항한 투쟁의 현장이었기 때문이다. 이들은 투쟁 과정에서 공공 공간의 가치를 재발견하면서 모험 놀이터, 도시 공유 작업장, 도시 정원을 만들기 위한 공간들을 확보하기 시작했다. 모험 놀이터 밖은 부동산을 둘러싼 계급 갈등의 현장이지만, 이곳에선 다양한 인종과 계층의 어린이들이 만나서 집단적으로 건축 놀이를 하면서 협력하고 소통한다.

이렇게 집단적 건축 놀이와 생태적 디자인이 결합한 모험 놀이 공간은 현대 도시에서 일종의 사회적 상호 작용이 일어나는 급진적인 공공 공간 모델이 되었다. 사람들은 모험 놀이터를 단지 아이들만의 공간이 아닌 주민들의 자치 공간으로도 사용했다. 한마디로 놀이터 시민 사회가 만들어지기 시작한 것이다. 아이들도 이곳에서 놀이의 자유와 소통, 교류를 통해 시민 사회를 배운다. 물론 셰익스피어 산책로 모험 놀이터는 오랜 시간에 걸쳐 제도화하고 합법화하는 과정이 있었다. 셰익스피어 산책로 모험 놀이터 주변은 여전히 젠트리피케이션의 영향으로 소상인들과 지역 주민들이 고통 받고 있기 때문이다.

제도화와 합법화에도 불구하고 적지 않은 모험 놀이터는 현대 산업 도시에서 여전히 개발업자나 행정 부처와 타협하기 어려웠다. 2013년 런던의 배터시 모험 놀이터(Battersea adventure play-ground)에서는 안전과 현대화를 빌미로 모험 놀이터를 폐쇄하려는 시정부와 주민이 충돌하는 사태가 벌어지기도 했다. 이 놀이터 인근의 다민족, 다인종으로 구성된 아이들과 부모들은 놀이터의 폐쇄를 막기 위해 장기 농성에 들어가기도 했다.

모험 놀이터를 만들려면 이처럼 해결해야 할 과제가 적지 않다. 디자인, 안전과 책임, 지역 공동체 참여, 기금 조성, 부지, 무엇 하나 만만한 주제가 아니다. 이러한 과제들을 해결하기 위해서는 전문가의 지원과 외부의 협조도 필요하지만, 우선 주민들이 노력해야 한다. 수많은 사례에서 볼 수 있듯이 놀이 활동가와 주민 스스로 놀이터의 전문가가 되고 주체가 되어야 한다. 이 과제들을 하나씩 해결해나가는 과정 자체가 시민 사회와 놀이 문화의 발전이다. 그리고 모험 놀이터를 만들기 위해서는 다양한 사회적 과제에 직면해야 한다. 그 어떤 사회적 발전도 완벽한 여건에서만 일어나지 않는다. 미비한 조건에서 무모한 도전과 노력이 변화의 시발점이 된 사례는 많다. 나는 지역의 작은 놀이터를 통해 사회의 변화를 꿈꾼다.

22

시민이
참여해야 한다

놀이터의 역사를 보면 초기 놀이터는 시민운동의 결과였다. 그러나 점차 놀이터를 정부가 주도했다. 한때 혁신을 주도했던 예술가들은 놀이 기구의 산업화로 놀이터에서 밀려났다. 1980년대 이후 시민들과 예술가들은 놀이터에서 완전히 배제되었다가, 21세기에 들어서 놀이터의 주인공으로 다시 등장했다. 시민들이 놀이터의 주체가 된 사례들을 살펴보자.

주민 운동의 역사가 된 모험 놀이터

독일 트로이스도르프 지역에서 가장 아름다운 프리드리히 빌헬름스 휘테 (Friedrich Willhelms Hutte) 모험 놀이터는 5,500제곱미터(약 1,600평) 부지에서 조랑말, 당나귀, 염소, 고양이, 토끼, 기니어피그, 새를 볼 수 있는 곳이다. 아이들은 다양한 장비로 오두막을 지을 수 있고 등산, 춤, 승마, 진흙 놀이, 자전거 수리, 트랙터 운전, 불놀이 등을 할 수 있다. 주방, 컴퓨터, 탁구대가 있는 건물도 있고 실내 체육관도 있다. 놀이방에서는 다양한 보드게임과 따뜻한 식사를 할 수 있다.

이 멋진 모험 놀이터는 1976년 놀이 활동가들이 여름 휴가철 캠프 형태로 임시 모험 놀이터를 열면서 시작되었다. 모험 놀이터를 중심으로 주민과 활동가 조직이 만들어지자 성당에서 부지를 제공했다. 카톨릭청소년사무소도 지원했다. 그러나 여전히 모험 놀이터는 비상설 캠프 수준을 벗어나지 못했다. 1980년부터 4년 동안 시민들과 활동가들은 상설 모험 놀이터 만들기 운동을 끈질기게 벌였다. 결국 시와 협상을 통해 재정 지원을 받아내 1984년 상설 모험 놀이터를 만들었다. 현재 매일 50~100명, 연간 16,000명 이상이 이용하는 인기 있는 모험 놀이터다. 이 모험 놀이터는 지역 주민들의 교육 운동이자, 놀이 운동, 시민 운동의 현장이자 결과물이었다. 이 모험 놀이터의 역사는 곧 주민 운동의 역사다.

이곳은 초기 여름철 모험 놀이터 운영을 위해 만든 활동가와 주민 조직을 모태로 삼고 있는 비영리단체 프리드리히 빌헬름스 휘테 모험 놀이터 (Adventure Playground Friedrich-Willhelms-Hutte eV)가 운영하고 있다. 지방 자치 보조금을 받고 있지만 운영비의 상당 부분은 외부 기부금에 의존하고 있다. 5명의 교육, 치료, 보육, 사회 활동 분야 학위를 가진 놀이 활동가들이 일한다. 18세가 되면 모험 놀이터 활동가 인턴쉽에 참여할 수 있다.

하루만에 만든 콜레인의 놀이터들

미국 오하이오주 콜레인(Colerain) 타운에는 기적처럼 주민이 주축이 되어 만든 5곳의 놀이터가 있다. 메가랜드 공원 놀이터를 제외하고 모두 하루만에 만들었다. 어떻게 하루만에 놀이터를 만들 수 있었을까? 메가랜드 공원 놀이터는 1997년에 5일 동안 지역의 전문, 비전문 자원봉사자들이 만들었다. 사실이다. 스카이라인 공원은 2008년, 클럽파드 공원의 바운드리스 놀이터는 2009년, 웨르트 가족 공원 놀이터는 2011년에 하루만에 만들었다. 팜 공원 놀이터도 2012년 9월 하루만에 자원봉사자들의 손으로 만들었다.

물론 사전에 디자인 과정과 설계, 놀이 기구 제작 과정이 있었다. 부지 조성도 사실상 미리 조경 업체가 해놓았다. 시민들은 날을 정해 놀이 기구 업체에서 만든 놀이 시설을 함께 설치했을 뿐이다. 처음부터 끝까지 시민들의

놀이 시설 설치에 참여하고 있는 콜레인의 시민들

힘만으로 놀이터를 만든 것은 아니지만, 이렇게 지역 주민들이 함께 시공에 참여한 사례는 주목할 만하다. 주민 참여는 콜레인 타운의 지역놀이위원회가 면밀하게 계획하고 지원했기 때문에 가능했다. 지역놀이위원회는 어린이들의 아이디어를 취합해서 디자인에 반영하고, 기금을 모으고, 자원봉사자들을 조직했다. 무엇보다 지역놀이위원회는 설계사무소와 조경 회사, 건축 회사가 시민들의 활동을 보조하도록 지혜롭게 조율했다.

필라델피아의 놀이터 디자인 경진 대회

필라델피아의 공동체협력디자인(Community Design Collaborative)은 델라웨어벨리아동교육협회(Delaware Valley Association for the Education of Young Children)와 함께 2015~2016년에 '필라델피아 놀이 공간 충전(Infill Philadelphia-Play Space)'이라는 놀이터 디자인 공모전을 열었다. 디자이너,

'필라델피아 놀이 공간 충전' 공모전에 참여하기 위해
주민과 전문가들이 함께 상당히 전문적인 수준까지 놀이터를 디자인한다.

마을 지도자, 교육자, 보육 활동가, 학교, 가족, 지역 사회가 놀이터에 대한 아이디어를 공유하고 도서관, 레크리에이션 센터, 학교, 마을 놀이터 등을 상상하도록 자극하기 위한 행사였다. 부대 행사로 놀이 공간 조성과 관련한 다양한 프로그램도 진행했다. 그 가운데 가장 주목을 끈 것은 아이와 부모를 망라한 지역 공동체가 참여하는 놀이터 디자인 투표였다. 상을 받은 지역 공동체에 대해서는 디자인한 놀이터를 실제로 만들 수 있도록 자금을 지원했다. 이와 비슷한 행사가 홍콩예술개발위원회의 아트램(ArtTram)이다. 초중등생을 대상으로 하는 환상 놀이 공모전이다. 아트램은 시각적 놀이 예술 작품 제작을 통해 학생들의 상상력, 창의력, 독창성, 공유 정신을 높이고자 했다.

상상에는 세상을 이끄는 힘이 있다. 한국에서도 청소년과 청년에게 놀이터 디자인에 도전할 계기를 마련하고, 놀이터 디자인의 가치를 사회적으로 확산하기 위해 놀이터 디자인 경진 대회를 열 필요가 있다.

직접 놀이터를 건축하도록 지원하는 퍼블릭 워크숍

앞서 소개한 콜레인 타운과 필라델피아의 사례는 시민이나 청소년이 놀이터 디자인에만 참여하거나 조성 과정에서 부분적으로 참여한 사례들이다. 여기서 조금 더 나아간 사례가 있다. 퍼블릭 워크숍은 청소년들과 지역 주민들이 주체적으로 도시의 놀이터와 벤치, 버스 정류장, 공공 장소를 디자인하고 만들 수 있도록 다양한 워크숍을 열고 지원한다. 이 공공 워크숍 지원 프로그램은 기업과 기관, 시민들의 기금으로 운영한다. 퍼블릭 워크숍은 16년 동안 수많은 공립학교, 박물관, 건축 대학, 건축 기업, 지자체 대행 기관들과 함께했다. 퍼블릭 워크숍의 지원으로 필라델피아의 비영리 단체인 WPS는 건축 영웅(Building Hero)이라는 프로젝트를 진행했다. 이 프로젝트는 건축 워크숍을 통해 학생 스스로 학교 운동장 놀이 시설을 혁신할 수 있는 기회를 제공했다. 조지 루카스 재단이 운영하는 에듀토피아도 학교 수업 혁신 모델로 다양한 실용적인 제작-디자인 수업을 소개하고 있다. 이처럼 필라델피아는 시민들이 놀이터, 공원을 비롯한 공공 공간의 디자인과 조성에 참여하도록 다양한 정책을 펼치고 있다.

건축 영웅 워크숍에 참여한 주민들이
목공 기술을 배우며 놀이 구조물을 만들고 있다.

모험 놀이터의 확산 배경과 시민 참여

시민 참여와 관련해서 1960년대 유럽에서 모험 놀이터가 열풍처럼 번진 배경을 살펴볼 필요가 있다. 2차 세계대전 뒤 재건 열기가 유럽 전역으로 퍼졌지만, 각국 정부는 놀이터에까지 재정을 투여할 여력이 없었다. 부모들은 정부의 지원만 기다리지 않고 자발적으로 놀이터를 만들기 시작했다. 전후 시민들도 놀이터를 만들 충분한 재원이 없었다. 하지만 그들은 십시일반 돈을 모으고 전장의 폐허에서 주은 잡동사니들로 아이들과 함께 놀이터를 만들었다. 여기에 구세대 정치 질서에 저항한 68혁명의 분위기와 함께 고조된 무정부주의의 영향도 한몫했다. 이제 권위와 권력에 의존하지 않는 자유는 최상의 가치였다. 재건과 결합한 도시 개발 열풍 속에서 행정력과 개발 자본에 저항하면서 시민들은 공터를 자율적인 공유지이자 놀이터로 만들었다. 놀이터에서 아이들의 놀 권리와 자유는 최대한 보장되었다.

최근 한국에서도 예술가들과 마을 활동가들, 놀이 활동가들은 놀이터를 창조적 자유와 발달, 휴식과 놀이, 공동체를 위한 공적 공간으로 재발견하기 시작했다. 더 이상 산업주의의 유산인 획일적 놀이터를 방치할 수는 없다. 과도한 규제와 제약, 위험에 대한 부모들의 지나치게 예민한 태도는 해결해야 할 과제다. 대다수 시민들은 창조적인 놀이터를 요청하면서도 위험을 감수하려 하거나 자기 자원을 투여하지 않는다. 곳곳에서 끊임없이 정부에 지원을 요청할 뿐이다. 물론 정부는 당연히 공공 시설인 놀이터 조성에 시민들이 참여할 수 있도록 개방하고 지원해야 한다. 하지만 놀이터의 역사를 통해서 알 수 있듯이 정부의 권위와 제도, 상업화에 도전하고 때로는 무시했던 시민 자율의 정신 또한 소중하다. 이러한 시민 자율성을 높이기 위해서는 문화예술 활동가들과 놀이 활동가들의 역할이 중요하다. 미국 팝아트의 개척자 로버트 라우센버그(Robert Rauschenberg)의 말처럼 "위기와 도전의 시기에 가장 중요한 요소는 사람들 자신이다. 모든 문화 활동가는 개개인의 동기와 책임감을 촉구하도록, 그렇게 함으로써 개인의 존엄과 자존, 공동체 정신을 만들어내고 영감을 불러일으킬 수 있어야 한다. 모든 문화 활동가는 고유한 지역 환경에 살고 있는 주민들의 참여와 개입에 의존해야 한다." 지속적으로 변화하고, 아이들에게 놀이와 공간 구성의 자유를 허용하고, 지역 공동체의 구심이 되는 놀이터는 시민이 놀이터 만들기의 주체가 될 때 가능하다. 한국의 7만 곳에 가까운 크고 작은 놀이 시설을 바꾸려면 각급 지자체의 재정만으로는 부족하다. 시민이 적극 참여하고 협조할 필요가 있다.

그러나 현실은 좀처럼 시민에게 놀이터 만들기의 기회를 주지 않는다. 놀이터 조성에서 시민 참여는 보통 디자인에 제한된다. 놀이터에 대한 요구를 파악하는 목적에서 어린이, 청소년, 부모 들이 놀이터 디자인 워크숍에 몇 번 참여해 간단한 그림과 모형을 만들어 제출하는 정도에 머문다. 게다가 실제 놀이터는 전혀 다르게 만들어지는 경우가 허다하다. 물론 부모와 청소년, 어린이의 디자인은 한계가 있을 수 있다. 놀이터에 대한 전문 지식의 부족, 획일화된 놀이터 환경에만 익숙한 경험 탓이다. 그러므로 사전에 시민들에게 다양한 놀이터, 놀이 기구 사례와 놀이 요소에 대한 필수 지식을 충분히 제공할 필요가 있다. 나아가 퍼블릭 워크숍이 진행하는 건축 영웅, 건축 전사(Building warrior) 공모전처럼 기술 훈련과 조성의 계기를 마련하는 것도 좋다. 물론 시민 참여 강조가 놀이터에 대한 통찰력과 전문성을 갖춘 예술가, 조경가, 건축가, 엔지니어가 결합할 때 훨씬 좋은 결과가 나올 수 있다는 사실을 부정하는 것은 아니다. 지금 우리에겐 균형 감각이 필요하다. 한국은 시민 참여 놀이터 만들기 사례가 너무 부족하다. 시민과 전문가 협업의 모델을 만들어가야 한다.

학부모와 주민위원회의 독자적인 과정

- **1단계** : 조성 절차를 이해한다.

- **2단계** : 조성위원회를 구성한다.

  – 교사, 교장, 지역 관청 공무원, 학생 대표, 지역 사회 대표, 전문가, 기초 설문 조사

    진행.

- **3단계** : 목표 설정, 제약 정의

  – 기간, 비용, 목표, 제약 조건 정의, SWOT 분석.

- **4단계** : 모금 활동

  – 정책 자금, 지원금, 자체 모금, 기부.

- **5단계** : 자료와 사례 조사

  – 아이디어 발굴.

- **6단계** : 현장 이해

  – 놀이터가 들어설 부지의 지형 및 주변 환경 파악, 지역 공동체와 이해 관계자 파악.

- **7단계** : 디자인 워크숍

  – 그림으로 그려 보기, 글로 표현하기, 모형 만들기 등.

- **8단계** : 디자인 점검표 작성

  – 콘셉트, 놀이터의 구성 요소, 바닥, 벽, 계단, 보행로, 조경, 놀이 기구, 휴식 시설

    등.

- **1단계** : 전문가 참여 방법 파악

- **2단계** : 도면 작성 및 도면 독법 안내

  - 조감도(놀이 기구, 정원, 야외 학습 공간 등 다양한 구성 요소의 배치 표현).

- **3단계** : 단계적 실행, 미래 활동(유지 보수, 보완) 파악

  - 여러 단계에 걸쳐 실행할 요소 정의, 향후 지속적인 유지 관리 보수가 필요한 요소
    파악.

- **4단계** : 단계별, 분야별 원가 계산

  - 프로젝트 비용 산정(분야별 세부 예산안).

- **5단계** : 디자인(설계도) 작성

  - 승인을 받기 전 단계에서 제출할 설계도면 세트 작성.

- **6단계** : 승인 절차(도면 제출)

  - 관련 관청 인허가 획득.

- **7단계** : 최종 도면 완성

  - 인허가 과정에서 수정 요구 사안을 반영한 최종 도면 세트 완성.

주

1 http://www.freerangekids.com/fair-fat-and-four/childhood-obesity-chart-till-2007/

2 http://www.rewildportland.com/

3 미츠루 센다의 〈DESIGN OF CHILDREN'S PLAY ENVIRONMENTS〉 참고.

4 Hughes, B., A Playworker's Taxonomy of Play Types. Ely: Play Education, 2002.

주요 참고 사이트

• 에리카 시먼스(Erica Simmons) 블로그: https://inventingtheplayground.wordpress.com.
 19~20세기 초 어린이 놀이와 놀이터에 대한 사진 자료들을 발견할 수 있다.

• 페이지 존슨(Paige Johnson)의 비상업 놀이터 사이트: http://www.play-scapes.com.
 세계의 다양한 놀이터의 디자인, 예술, 역사를 다루고 있다.

• 뉴욕 공원의 역사: https://www.nycgovparks.org

• 놀이 기구 정보: https://www.playgroundequipment.com

• 리와일드 포틀랜드와 숲속 놀이 및 기술: http://www.rewildportland.com

• 뿌리학교: https://rootsvt.com

• 놀이터의 최신 이슈와 정보: https://www.playgroundprofessionals.com

• 자연 놀이터: http://www.naturegrounds.org

- 모험 놀이터의 역사 : http://www.adventureplay.org.uk
- 런던 롤라드 모험 놀이터 : http://www.lollardstplay.org.uk
- 런던 플레이 : https://www.londonplay.org.uk
- 놀이터 디자인과 건축가들 : http://www.architekturfuerkinder.ch
- 놀이터에 대한 논쟁적 이슈를 다루는 사이트 : https://playgroundology.wordpress.com
- 팝업 놀이터 디자인 : http://www.playgroundideas.org
- 덴마크의 대표적 놀이터 스튜디오인 몬스톰 : http://monstrum.dk
- 덴마크의 혁신적인 놀이터 소개 : https://www.uno.dk
- 덴마크의 대표적인 놀이터 시공 기업 : https://elverdal.dk
- 독일 놀이터 검색, 비교 사이트 : https://www.spielplatztreff.de
- 덴마크 길거리 스포츠와 놀이 활동 : http://streetarena.dk
- 길거리 놀이, 스포츠, 문화 단체 : http://www.themovementcreative.com
- 베를린 이동 놀이버스 서비스 : http://www.spielwagen-berlin.de
- 호주 팝업 놀이터 단체 : http://www.honkpopupplay.org.au
- 팝업 모험 놀이터 정보 : https://popupadventureplaygrounds.wordpress.com
- 중국의 혁신적인 유치원 안지요시 교육 : http://www.anjiplay.com
- 건축 모험 놀이터 : http://www.jaymarchomes.com/adventure-playground
- 유럽도시농장연합 : http://www.cityfarms.org
- 베를린 모험 놀이터와 어린이농장협회 : http://www.akib.de
- 영국 모험 놀이터 정보 : https://playgroundadventureuk.wordpress.com
- 영국 이즐링턴놀이협회 : https://islingtonplay.org.uk
- 런던 셰익스피어 산책로 모험 놀이터 : http://swapa.org.uk